日•中村元著
徐復觀譯

中國人之思維方法

臺灣學生書局印行

徐復觀先生（譯者）簡介

徐復觀（一九〇三～一九八二）爲當代著名思想家、史學家，畢業於湖北省立第一師範學校（武漢大學前身）復以榜首進入湖北省立武昌國學館。二十七歲負笈日本留學。中年曾受教於新儒大師熊十力先生門下。五十歲遠離軍界、政界，潛心講學著述。《中國人性論史先秦篇》《中國藝術精神》《兩漢思想史》《中國文學論集》《中國思想史論集》等皆爲傳世之作，深爲學界所推重。徐氏從事學術領域著述之前，曾爲學子迻譯兩本日人著作：一爲萩原朔太郎所著《詩的原理》，一爲中村元著《中國人之思維方法》。中村元爲當代日本著名學者，治思想、佛學、哲學，廣受日本學界推崇。原著卷帙浩繁、徐氏精選其中有關中國人之思維方法，擷精取華，精心迻譯。譯筆典雅明潔，允稱學子瞭解中國人思維方法之最佳入門典籍。二本譯品皆由學生書局重新排印刊行，謹此鄭重推介。

譯序

這裡譯出的，是日本文學博士中村元氏所著的《東洋人之思維方法》中〈中國人之思維方法〉的這一部分。但爲明瞭著者之基本論點及其歸結，所以把著者本是爲了全書（包括中國之思維方法在內，但非僅指中國之思維方法）所作的序論與結論，也一併翻譯出來，使讀者能了解著者研究此一課題之大概輪廓。因字數太多，稍有刪節。然譯者基于介紹此一著作之責任心，刪節之處，均經細心較量，務使原作因此所受之損失，減至最少限度。

日本文部省的「日本諸學振興委員會」，于一九四〇年（日本昭和十五年）至一九四六年間，委託伊藤吉之助氏，從事于「諸民族思維方法之比較研究」。伊藤氏因此書之著者對印度文化鑽研有素，故請其研究「特別表現于語言形式及論理學上的印度人之思維方法」和「通過佛教思想的容受形態來看中國民族及日本民族之思維方法」。著者認爲在東洋民族中，僅印度、中國、日本、西藏四民族，有論理的自覺，且皆受有佛教之共同影響，故即以此四民族爲東洋諸民族思維方法之代表，作個別之研究。研究之結果，分爲六編：第一編，序論；第二編，印度人之思維方法；第三編，中國人之思維方法；第四編，日本人之思維方法；第五編，（附論）西藏人之思維方法；第六編，結論。前三編爲第一部，出版于一九四八年。其餘爲第二部，出版于一九四九年。此處所譯之有關第一部者，係根據一九四九年之再版本。

著者之基本觀點，是認爲東洋文化，也和西洋文化一樣，有其學問的普遍性。所以今日在以西洋文化卽是世界文化的大氣壓下，努力「知道東洋，發展東洋文化，依然有極大的意義」。「僅此時所應注意者，各民族對於外來文化，應常常是批判的；同時，對於自己固有文化，也不能不是批判的。」著者認爲站在這種立場來研究東洋文化，「也能對於世界新文化的形成，有積極的貢獻」。此著卽係他站在此一觀點上所作的研究的結晶。我們今日正處在一個創鉅痛深的時代。我們自己，正受到非常的考驗；我們的歷史文化，也正受到非常的考驗。我覺得我們應根據文化本身的自律性，亦卽文化本身的論理性，使我們的歷史文化，在此一考驗反省中重新發現其眞價與光輝，以增加我們在艱難中的生命力，並貢獻於在歧路徬徨中的世界人類。若沒有經過此一眞實努力，而僅從感情上抹煞自己的文化，或頌揚自己的文化，這不是仰面唾雲，卽是痴人說夢。所以中村氏的觀點，應該值得我們同情；基於此一觀點所得出的研究結論，應該值得加以介紹——最低限度是關於中國的這一部分。

不過，我並不以中村氏所得的結論，便是完全可以接受的結論。第一、語言與論理的關係，已如著者所述，至今還是爭論不決的問題；換言之，由一個民族的「自然語言」以推斷其論理中的概念判斷等等，多少要帶點理論的冒險性。第二、著者從判斷及推理之表現形式上以考察思維方法之特徵；更將此特徵證驗之於文化現象，這是認爲文化現象是由思維方法所制約的，我承認這不失爲一條探索的途徑。但我懷疑思維方法可以制約思維對象，以形成有特徵的文化現象；但思維對象，是不是也可以制約思維方法，以形成有特徵的思維方法呢？具體地說，以自然爲思維對象，和以宗教、藝術、生命道德等爲思維對象時，會不會影響到思維方法之不同呢？假定二者——思維方法與思維對象——是互相制約的，則著者所採取的途徑，不能算是一個完全的途徑　僅由此途徑以評價中國乃至東洋的思維方法，恐怕不易作眞切的評價。

還有，著者認爲佛教在東方是普遍性的宗教，於是主要通過各民族對佛教之容受形態以考驗各民族的思維方法特徵，我想，這對於日本或西藏而論，大概沒有多大問題；因爲他們當容受佛教時，在文化上是處於裸體狀態；所以他們對佛教的容受形態，是他們唯一的或者是主要的文化現象。但在中國，正如著者所承認，自己早有高度的文化。佛教因中國的思維方法而變貌，固然可以特別凸現出中國思維方法的特徵。但佛教既不會因此而完全失掉其特性；而中國的文化，也不會全部通過佛教的容受形態以自見。兩個文化由接觸所發生的影響，是相互的影響；卽是彼此的特性，都互相打了一個折扣。尤其是，中國自有其文化的主流。此文化的主流，固然亦受到佛教的影響，但此主流必有其自己貫徹自己的中心不動之點。所以「中國化」了以後的佛教，依然是佛教；而不能稱之爲儒教。而受了佛教的影響以後的儒教，近人綜稱之爲新儒教，但決不能稱之爲新佛教。於是僅由佛教的容受形態以把握中國文化現象的特徵，只是一個打了折扣的側面性的把握。正因爲這樣，所以著者一牽涉到儒教問題時，便表現非常的淺薄。例如他說：「孔子的教說，是以支配階級社會身分的優越性爲前提，僅強調在下位者對在上位者片面的服務。」（原著第一部，五〇七頁）孔子分明主張「君君，臣臣，父父，子子」，「君使臣以禮，臣事君以忠」的。「忠恕」之道，固然是強調義務而不強調權利；但忠恕是雙方的平等的義務，決不應解釋爲片面的服從。西漢「三綱」之說出而儒家的平等義務觀雖有改變，但怎樣也不能以階級觀點來解釋儒家的道德基礎。又如他說中國「規定家族成員間的人倫關係的道德，是道德的全體。家族關係之外，幾乎不承認有道德」（原著第一部，五一〇頁，譯刪）。但孔孟分明說：「己欲立，而立人；己欲達，而達人。」「老吾老，以及人之老；幼吾幼，以及人之幼。」「故推恩，足以保四海；不推恩，不足以保妻子。」可見道德與不道德，全在人之能「推」不能「推」，能「及」不能「及」。儒家只認爲家庭是各人所不能自外的道德實踐的最現成的對象，何能說中國在家庭以外無道德。又如他提到中國人的民族自尊心的這一點說：「忽視人本身之尊嚴性的思維方法，必然僅僅主張自己所屬的民族之優越性，偉大性。」（原著第一部，五二一頁，譯刪）著者已經了解中國是「個人面對絕對者」，而不需要在個人與絕對者間的媒介體的存在，即不需要教會，或神的存在。可見中國是最重視人性尊嚴的民族。由對人性之尊嚴而自然凝結爲民族的尊嚴，於是才能堅持對日的八年抗戰。著者的這一說法，反映出日本的學人，對於日本由侵華所招致的痛苦並沒有眞正的反省。且著者在結論中引太宰春臺氏所說「日本人之所以免於禽獸之行，皆中國聖人之教之所及」的話，以證明中國文化之有普遍性；但如著者對儒家淺薄的了解，則太宰春臺氏的話會完全落空了。這分明是一個大矛盾。

本書雖有上述的若干缺點，但著者關于此一問題，是採取一個確實地——縱然不是完全的——途徑，搜羅了許多學者的意見，經過了長期學術性的努力，把我們平日沒有明確意識到的問題，一一凸現於我們之前，不論他的結論對與不對，——當然我覺得大部分是對的——總會引起我們深切的反省。例如，據著者的研究，我們思維方法的特徵，許多地方可以說是遠於印度而近於西洋的。但我們不僅過去能大量吸收了印度文化，而且也發揚了印度文化；

中印文化，雖有時發生爭論，而大體上則歸於融和；彼此都從對方得到了營養。而中國近百年來對于西方文化的吸收，迄今尚無成效；有的人旣未吸收西洋文化，覺得先要根絕中國文化；卽此一端，已經値得我們深切的反省了。我們不能在一知半解，意識朦朧的狀態下來談中國文化。所以倘因此著作之介紹而能引起我們的反省，在反省中，把自己推進一大步，同時也把日本有關這一方面的學者推進一大步，以貢獻於中日文化的交流，這才是譯者眞正的願望。

民國四十二年三月十四日 徐復觀譯於臺中

譯例

一、本目次內之第二第三兩章，爲原著第三編「中國人之思維方法」正文。第一章爲原著之第一編；第四章爲原著之第六編。權宜上改爲現時之章次。

二、及文中所加之括弧夾註，均係原著所有。其括弧內加一「按」字者，則爲譯者所加。

三、附註均就原有者擇要譯錄，以供參考。其稱爲「補註」者，乃選錄著者印行第二部時所加入之補充料材。

四、附註中稱爲「大正」者乃指日本大正時所印之漢譯藏經。

五、原著中引用材料不加「」而用——號者，乃表示僅引用其原文之大意，故不復就原文對照。餘則由譯者盡量就引用漢典原文加以對照，以求無訛。其無法尋覓原典對照者，則於附註末註明「原文待查」，以期他日補校。

• 法方維思之人國中 •

中國人之思維方法 目錄

第一章 序論

一、東洋人的思維方法問題

像我們今日這樣痛切感到世界是一整個的，在以前不曾有過。今日任何個人，都片刻不停地投身於世界激動之中。沒有能離開民族或國家而孤立的個人，同樣也沒有能離開世界而孤立的個人。不言自明的事實，今日所以還要加以強調的緣故，是因爲各個人雖一面痛切感受到世界的波動；而同時各民族固有的生活樣式及其思維方法，依然規律着各個人，而作有力的活動。日本明治維新以後，短時間迅速而且巧妙地攝取消化了西洋文化。但在戰敗後的今日，重加反省，則正如屢所指摘的一樣，其容受西洋文明的方法，不過是片面的而且是皮相的。今日正要求對西洋文化作重新的估價。但果眞說業已全面的加以容受了嗎？何況東洋大民族的印度與中國，雖數百年前已與西洋人接觸，但機械生產與資本主義，尚未能充分生根。各民族的生活樣式，在今日依然有不少的側面，是保持着古來的舊習。何況像語言表現，信仰，禮儀等，更有顯示不容易改變的趨勢。西洋思想被移入以來，雖在一般智識階級中，能作爲一種敎養，在觀念上相當的理解；但並不能說這已經全面地規制了各民族成員的實踐的具體的行爲。我們到底怎樣來理解這些事實呢？我們是否可以單只貼上「後進的」「亞細亞的」這種標語，應付了事了呢？在這裡，無論如何，不能不以各民族傳統的思維方法的特徵，來作爲一個問題。

從來，在日本有將東洋與西洋作對立考察的傾向，把互相對立的兩個價值概念中的某一方面，配置爲東洋；另一方面，則配置爲西洋；這種圖式的解決方法，流行頗廣。例如對於東洋則配置以精神的，內面的，綜合的，主體的等觀念；而對西洋則配置以物質的，外在的，分析的，客觀的等觀念。在西洋，也常作這種對比的解釋。然而東洋或西洋這種觀念，其意義內容，實在是很漠然的；若深入於其內容而加以檢討，則不能不面對着兩者都是由更小的單位所構成的這一事實。成爲西洋文明之淵源的希臘文明與以色列文明，其性格有顯著的不同。卽就二者之綜合統一所形成的整個文明看，則古代、中式、近世、也各保持着不許代替轉換的獨自特性。近世的西洋文明，也各因民族而異其性格。因此，若非充分研究了這些差異，我們卽不能一概地總括西洋人的思維方法。至於東洋諸民族，情形也與此相同，應先逐一解明諸民族思維方法之特徵；若想得出東洋民族全般的某種結論，就得留待比較研究結果的最後階段。假使不先作個別地準備研究，而希望馬上得出總括的結論，則其結論勢必成爲速斷底獨斷的東西。

因此，在以東洋人的思維方法爲問題時，先不能不檢討各個民族的思維方法。但對東洋一切民族都作這種研究，實際上既不可能，也沒有這種必要。我們想把當前研究之對象，限定爲印度、中國、日本、西藏。因爲僅有這四個民族，儘管不十分完整，論理學畢竟已有了獨自的發達。卽是，僅有這四個民族，表現出了論理的自覺。其他多數的東洋民族，都是採用與四者中的某一民族相同的思維方法。錫蘭、緬甸、泰國、安南南部，可說是印度式的；

中央亞細亞、蒙古，在現在可說是西藏式的。朝鮮、安南北部，可說是中國式的。所以若檢討了此四民族的思維方法，對東洋重要的民族，大體上可說是都研究了。而且，只有在這種研究之後，才能導出東洋人全般的思維方法 假定可以這樣設想的話。

二、思維法則，思維形式，思維方法，思維形態

爲了對以上的問題與以解決，應先將有相互關係的若干概念加以定義，預先規定以下論稿中的用法。

（一） 所謂思維法則，是相當于 laws of thought, Iois de la pensée, Denkgesetze 的。是指一切思維作用，必以此爲準據而始能成立的普遍的根本原則。這有同一律，矛盾律，排中律，充足理由等原則。這是通過一切民族，超越個人的差別而應對萬人皆妥當的。

（二） 思維形式 （Denkformen） 郎悟性形式（Verstandes formen），有時用作範疇之同義語。但我們現在用作集團中之個人，在作具體的思維作用時，受此集團之制約所準據的形式的意味。思維法則，有對萬人皆可成爲規範（Norm）的性質。此處所說的思維形式，則僅對於一個集團之成員有規範的意義；對於在其集團之外者沒有此種意義。具體地說，一個民族的言語乃至論理學所準據的思維成立之條件等皆屬之。思維爲了作爲具體底思維作用成立於個人意識之中，則除規範底思維法則之外，更不能不通過這種經驗意味的思維形式之制約❶。

（三）思維方法（Denkweise） 指的是屬于一個集團或民族的個人，附隨於其集團或

民族，或者被制約於其占支配地位而有特徵的思維傾向，以某種有特徵的方法作思維時的思維方法。這種方法不一定是自覺的。此一意味的思維方法，當然也包含着前述的思維形式的意味。但這裡所說的思維方法，特別是意味着對於具體底，經驗的問題的思維方法乃至傾向。諸種的思維方法合攏來成為一連串傳統力量，強力地支配着一個集團，社會乃至民族的思維方法的場合，特稱之為思維傾向。

（四） 隨着上述的思維形式或思維方法，一個集團乃至民族的成員，常繼續不斷的，作傾向於一方的思維的結果，便會成立一個有特徵的思維的產物；其產物具備明確的形態時，便宜上稱之為思維形態。而且，這在大體上成立一個統一的自覺體系時，便成為思想形態。

三、思維方法與語言

將一個民族的思維形式乃至思維方法作為研究問題時，提供最初的研究線索者是其語言。語言對於民族，是本質的東西。人的語言活動，當其造成了一個特殊的語言體系時，即係形成了民族❷。民族之形成，可說是由共同的語言而實現。既使語言活動是人普遍性的活動，但從來沒有過普遍的語言；因之，也不能有共同的普遍語言。若干人想到了國際語，並且實際上也有開始被當為國際語使用的。但這僅是對於衆多特殊語言的對立這一具體事實，一些想加以剋服的人們所用的語言而已。就現實而言在某種意味上，這依然是一個特殊的語言。

語言的表現形式是為使在人之意識的內部，能依一定的形式，有秩序的作心理的具體的思維作用的一種規範。因此，為使一個語言能發揮其機能的特殊形式，特別是一個語言的文法（Grammar），由其是文法中的章法（Syntax），一方面是表現使用此語言的民族的具體的思維形式乃至思維方法；同時也可以說是規定其思維形式乃至思維方法的。

關于語言形式與思維形式乃至思維方法的關係，在西洋學界，一向有各種的議論。認爲兩者之間，存有並行乃至適應的關係者，以前由封博爾特（Humboldt）所主張。封博爾特以爲語言的文法構造，是代表使用此語言的民族關於思維機構的見解。語言是隨伴於思維的❸。此一見解，由斯塔因塔爾（Steinthal）所繼承，近更由胡薩爾（E. Hussrl）❹阿隆斯塔因（Ph. Aronstein）❺等所論述。愛特曼（Benno Erdmann）強調文法與論理學之間，有密接底關係❻。心理學者威爾特赫馬（M. Wertheimer）強調爲了闡明自然民族的思維方法，作爲準備階段，應先就各個範疇的領域，研究其語言表現的方法❼。又論理學者紀格瓦特（Sigwart）也認爲概念與名稱的形成，有密接的關係❽。而且他的判斷論，因太注重於語言表現，以致他的心理主義的解釋，屢爲其他論理學者們所非難。

然而，對於這，也有學者們主張語言形式與思維形式乃至思維方法之間，沒有並行關係；或者縱不完全否定，但也是加以輕視。文特（W. Wundt）❾曾說文法的範疇，與論理的範疇，未必一致。前者隨種種心理的動機而變化；後者則沒有變化而常係存續的。馬德（Anton Marty）也主張思想語言並非平行之說。

馬德（Anton Marty）以爲思維與語言，並非同體；思維必先語言而存在。即是，從思維發生上說，它是在語言之先，因此，他採取思想是居於語言表現的上位（Prius）的立場。但他又說思維與言語之間，有相互推動的作用。即是，爲使思考完全，先不能不使語言完全。反之，為使語言行動有效，也不可不使思維完全[10]。芬克（O. Funke）是繼承祖述馬德學說的。承受此兩對立學說之述以及今日，學者之間，依然是議論紛紛，莫衷一是。

對于語言形式與思維形式乃至思維方法的關係，雖有兩種不同的看法；但兩者之間，不能不承認在某種程度上存在着相應關係或平行關係。語言是將我們意識中作為思維作用之結果所生起的觀念內容，以聲音加以表現的。而且語言未必能充分表現觀念內容。語言是以聲音記號之思維內容的對他人的表示。因此，以語言所表示的思維內容，會依從一定的秩序。語言是預想着思維之存在的。然而不能說沒有語言，便沒有思維。所以兩者之間，不能說有完全的相卽關係。可是，雖然沒有思維卽沒有語言，但為了發表傳達思維內容，語言是必須的條件。例如某一說話的人他說某東西，某一寫字的人他寫某文章的時候，必定有某種心理的動機。若更將此動機加以分析，則知在人的意識之中，先表現有思維作用的感情；更發生有想將此傳達於他人的意欲。因此，用語言材料，卽是以記憶下來的語句，依照一定之文法形式，去框住正想表達的思維與感情。於是所說的語句，所寫的文章遂告成立。

語言與思維作用，既處在這種關係上，所以通過語言的表現形式研究思維形式乃至思維方法，是有充分的理由，而且也是必要的。文特承認純論理的思維法則，是超越各種語言構造之差異的；但心理底思維法則，則能以語言事實為線索而探求出來的[11]。將各種語言在文法構造上的差異作為線索，以求明瞭使用這些語言的各民族之思維形式的不同，這種研究工作，已經部分地開始了。例如，封博爾特認為由對某一特定文法的構造形式，在所有語言中被如何處理？其文法底位置又如何安排？與其他的文法形式有某種的關係等等的研究，卽可得出不同語言的構造性質之差別。他曾以對兩數（Dualis）的研究作爲例子⑫。他並且想以此爲線索而深入到民族思維形式的問題。又漢學家格勒（M. Granet）說：「語言研究，是可作分析語言所傳的思考的結構。同樣的，分析引導思考的各種原則 能夠證明分析其表現手段確爲有意義之事。」⑬他站在這種立場，想以漢語之分析底研究爲線索以明瞭中國民族一般的思維方法。

現在，我對東洋的主要民族，以同樣的意圖，想從更多的觀點，作廣範圍的討論。

四、思維方法與論理

作爲語言表現的形式，有很多。但當我們以民族之思維方法作爲問題時，應特別注重判斷及推理之表現形式。因爲這是思維作用之表現的基本形式。判斷及推理之形式，有若干種類；這些應該如何加以區分，是論理學自身的問題，這裡不加論述。就各種判斷及推理而一一檢討各民族思維方法之特徵，當然是很理想的。但關於分類的問題，在論理學內迄今尚無定說。所以現在省略通盤性的論述，而僅想取出其中最基本的東西或是有特徵性的東西來作爲研究的問題。

在判斷方面，先以最基本，最單純底同一判斷，包攝（Supsuption）判斷（按卽關於種概念包括于類概念，特殊被包括於普遍的從屬關係之判斷），內屬（Inhrence，Inhärenz，Inhérence）判斷（按卽指狀態對於實體的存在關係，現象對於實在的關係，性質對于物的關係等之判斷），存在判斷（Existentialurteil）（按謂僅意味着事物之存在的判斷）等爲問題。又在西洋論理學中，曾盛加議論非人稱判斷的問題。然在西洋作爲非人稱判斷被當成問題的命題（例如 It rains 等），在語言形式不同的漢語與日本語自無法以此作爲非人稱判斷而成爲問題，在與西洋語言形式相等的古印度語中，同一內容，常不是非人稱判斷而被表現爲作用判斷（It rains = deuo varsati），所以到底應否認其爲非人稱判斷，不可不先作論理學的檢討。因此，這裡不想就非人稱判斷，以獨立的項目，比較諸語言之形成，僅在必要時附帶說及。又近年有許多論理學者重視關係判斷（Relationsurteil）。然對於關係判斷之意義，學者間的見解各殊，所以此處亦不單立項目加以考察，而僅在必要時說到。

在推理的種種形式中，想特別留意單純推理的形式。這在西洋形式論理學中，是被當作三段論法去加以考察。但在日常生活中，很多都像「因爲是……所以是……」這類的，僅舉一個理由命題而即表示結論。還有，由若干推論結合起來的，也應加以考察。但複合三段論法，即是，由完全的三段論法所形成的結合形式，實際上很少用。幾乎在一切場合中，都是省略三段論法的結合形式。此在形式論理學中，稱爲連鎖式（Sorites, Kettensehluss）。諸民族使用此連鎖式推理時有何種不同，我們還應作爲一研究的問題⑭。

在以上這些表現形式中，我認爲民族思維方法之特徵，尤其典型底被表現出來。故若對此加以檢討，應該可以得出一個大概的結論。

語言表現，可作爲確知一個民族思維方法之特徵的基本材料，已如上述。提供比這更好的材料的，則爲該民族所產生的論理學或其所容受的論理學。論理學的原名，既是「關于說話的技術」之意，則在語言中無意識所具現的思維方法之特徵，在論理學上，則以自覺的，而且是體系化組織化的姿態被明白表現出來。於此我們可以發現研究民族思維方法之特徵的最重要的線索。因此，我們可藉着東洋之論理學與西洋之論理學的比較研究，以得出東洋諸民族的思維方法之特徵。東洋的論理學發自於印度。但因各以不同方式傳入西藏、中國、日本之際，故在各地都發生了種種不同的變化。論理學應該是最普遍的學問；決非以本來的面目原原本本地傳向其他民族則是歷史的事實。此一論理學的產出形態或容受形態之不同，很明顯的反映出諸民族相互不同的思維方法的特徵。

這裡應該注意的是，學習論理學而實際加以使用者，是一個民族中的知識階級。論理學是一個民族的一般知識階級，以此爲思考的準據，將思考內容做有秩序的安排加以發表的規範。一般的民衆，儘管日常不斷使用語言，但幾乎全不使用論理學的表現形式。因此，論理學很難說像語言形式一樣的，是規範一個民族思維方法之全體。從考察過去的論理學所得的結論，不能斷定直接妥當於學習此論理學的民族之全體。當把論理學當作考察一個民族思維方法之線索時，應有對此加以顧慮的必要。

東西論理學體系之比較，是一個很大的問題，也是一個獨立研究的課題。這裡無法深論。僅在與民族一般的思維方法有關連時才提到。

五、思維方法與諸文化現象

如上所述，我們在這裡把對業經組織化的論理學體系的深入考察，大體上，置于考慮之外。同時，也不深入比較哲學的問題⑮。其理由是，當以一個民族的思維方法爲問題時，應考察其整個民族所採用並作爲準據的思維方法。此時，哲學家個人的獨特的思維方法，恐怕暫置之於問題之外要比較妥當些。眞的，不論如何偉大的哲學家，不僅要受特定的風土，特定的時代制約；而且也免不了要受作爲民族一員的社會的制約。因此，哲學家們的思維方法，不能完全脫離民族的，歷史的傳統。然而在另一方面，偉大的哲學家們，却往往都能依據與其民族傳統不同的思維方法。正因爲如此，反而由此更認定哲學家的偉大性。所以現在將各個哲學家的思維方法，也置於問題之外，僅在必要時提及。但是一個民族所產生的許多哲學家們的思維方法乃至思維形態，若有某種共同的傾向，則這當然是應作爲研究的問題。

反之，爲一般民衆所愛好的諺語，格言，口碑等，因爲是民族所共同愛好的，所以當以民族一般之思維方法爲問題時，亦想列舉其有特徵性者。至於哲學家的話，若係膾炙人口者，亦不防列入考察範圍之內。只是，在民間所傳的諸多語句中，應該認定那些是一般的，即是可以算是民族的，須要相當的注意。此外，神話，宗教聖典，一般文藝作品之類，當然應作爲研究資料而加以重視。此類文獻，任何民族都有很多留傳下來，不能不特選該民族所特別重視的東西。從近代人的觀點，覺得很有意義的東西；但若該民族本身並不重視，則作爲了解其全民族思維方法之特徵的材料，並沒有多大意義。但相反的，既使不爲該民族所知，而外國人據此以批評該民族思維方法，則作爲明瞭批評者與被批評者相互間之差異，這應是貴重的資料。

六、表現在外來文化之容受形態上的思維方法

諸民族思維方法之特徵，是以其民族的語言形式及論理學和一般文化現象爲線索，由現在的研究者作相互的比較，以導出結論。此外，一個民族，具體底在過去的歷史上，時或將其自己之思維方法特徵與其他民族的不同明示我們。這就是它攝取其他民族的思維方法，或思想形態的方法。一個民族，對其他民族的思維方法或思想形態，並不非源源本本照樣加以攝取；而是在攝取之際，會加以批評，選擇，變形的。這種攝取的方法，很顯著的表示其民族思維方法的特徵。文化交流的問題，現在爲許多學者所屢加檢討；但這都是由歷史底社會底觀點所作者，而沒有充分由現在所說的思維方法的觀點去加以研究。這是我們當前的課題。

在文化交流的諸現象中，若站在思維方法的觀點，亦可透過普遍的教說，經各個民族以何種特殊的形態上，加以攝取，容受，變貌，獲得掌握各民族思維方法特徵的有力的線索。論及東洋的普遍的教說，當然應該是佛教（在日本，當然亦應考慮到儒教）。各民族思維方法之特徵，是怎樣規定了對佛教容受的形態，這是一個重要的研究問題。至今對於佛教的廣佈（從民族的觀點說，當然是容受），已有很多的論著，但這些主要是從歷史的社會的見地考察；從思維形式乃至思維方法的觀點去研究的，幾乎完全沒有。我現在想以此作爲研究的問題。

附註

❶ W. Wundt 將這種意味的思維形態呼爲「心理底思維法則」（Psychogsche Denkgesetze），主張應與理論底思維法則（Logische Denkgesetze）相區別（Logik, Vierte Augllage 1, S. 89j.）。

❷ 和辻哲郎博士：《論理學》，中卷，三五一頁以下。

❸ Wilhelm von Humboldt: Veber das Entstehen der grammatischen Formen und ihren Einfuss anf die Ideenentwicklung,（Die sprachphilosophischen Werke Wilhelms fon Humboldt, herausgegeben und erklärt von Dr. H. Sleinthel, Berlin, 1884. S-9 : f.）

❹ Sogische Untersuchungen II, 1, Teil, 302ff.

❺ 是指Das Subjekt（Zeitschr. f. granz. u. engl. Unterricht, Bd. 22 S. 179）所述的。

❻ Benn Erdmann: Logik I, S. 33-50 還有 Die Psychologischen Grundlagen der Bexzichngen Zwischen Sprachen und Denken, 1896 也作同樣的主張。

❼ M. Wertheimer : Drel Abhandlungen zur getalttheorie, S. 151.

❽ Sigwart: Logik I,S. 5af.

❾ W. Wundt: Logik, 4. Anfl. I. S. 155.

❿ 小林志賀平氏：《馬德的語言學》，一四二一一四三頁。

⓫ W. Wundt: Logik: 4. Angl. I. S. 89.

⓬ 指收錄於 Wilhelm von Humboldt: Gesammelte Werke, Vi, S. 562f. 的。

⑬ M. Granet: Quelques Particularites de la langue et de la Pensee chinoisse, Revue Philosophique, 1920, pp. 101-102.

⑭ 在中國人、印度人、希臘人之間，連鎖式的表現方法各不相同，這與其思維方法之不同有關係，P. Masson-Oursle 氏已經簡單的指出來了。 見其所著 Esqucisse dune theorie Comparss du-sorite (Revue de metaphysique et de Morale, 1219, pp. 810-824)。

⑮ 「比較哲學」的稱呼，Masson-Oursel 已經使用過 (Laphrlosophie Comparee, 1925) G. Mish: Der Weg in die philosphie, W. Ruben: Indische und griechische metaphysik (Zeitschrigt gur Indologie und Iranistik, VIII,1931 S. 147g.) 也作過同樣的嘗試。

第二章　在單純的判斷與推理之表現形式上所表現的思維方法的特徵

在進入到考察漢語中的單純的判斷與推理之表現形式以前，應先考察漢語在語言上的特徵。漢語與西洋及印度的語言，系統既全不相同，語言之構造亦顯異其趣，所以有預先考察其特徵的必要。還有，此處係以古代文言爲主，僅在必要時始附帶論及近代與現代的漢語。一般的說，同一民族之思維方法，也是不斷地在變化，所以在古代文言中所認定的思維方法之特徵，未必一直能表現或規定及至現代的中國人的思維方法。但如後所述，中國係尚古性保守性很強的民族，故從古代文言所導出的種種結論，對於現代漢語，在某種程度上，我想也能適合的。尤其是作爲語言的漢語，古代與現代之間，可以說沒有本質上的差別。

第一節　漢語在語言上的特徵

漢語，在語言學上，一般稱爲孤立語。從來，語言形態之分類，大體分爲下面三種：（一）孤立語（Isolating Language）。如中國古代文言，是單語無語尾變化及其他變化，當寫文章時，僅將單語加以連接。（二）膠着語（Agglutinating Language）。例如日語「蠟燭の火をともした」的這句話，是在「蠟燭」「火」的單語後面，附加不表示獨立對象的「の」「を」，將此加以連結以構成一個文章的語言。（三）屈折語（Inflectional Language）。印度語、歐洲語是其代表。例如，在拉丁語，單語之內部有變化。Patris（父的），並非 is 膠着附加於 Patr。僅 Patr 不成爲單語。像 Pater, Patris, Patraem 這樣，同一單語之變化，稱爲單語之屈折（Inflection）。這雖是語尾變化，但所謂屈折者，並非僅限於語尾。英語的 Sing, Sang 單語之中央部變化，也是一種屈折。

西洋的語言學，從來便是分爲上述的三種，這已經成爲有關語言學的一般常識。但當實際考察各個語言的性格時，這是很不充分的分類。一種語言，常有不能輕易斷定是屬於三種中的那一種的。例如現代英語中像 You Know many people 這句話，各單語並無語尾變化乃至屈折，所以是孤立語。又如 unkind, kindly, kindness 這一群字，是在獨立單語的 kind（親切）上，附加 un-, ly, -ness 這類的添接辭的，所以是膠着語。而像 sing, sang, take, took 這類的動詞變化，却是一種屈折。在同一語言之中，亦含有種種的性格。因之，要將各種語言，使其分屬於上述三種之一種，實際上是很困難，而且也不適當。但若作爲語言的三種類型，我想，大概是可以的。漢語，一般認爲是「孤立語」之代表；但現代漢語，也明顯地出現了膠着語的性質。這裡，對於漢語的具體事象，將其極可注意者試作簡單的考察。

古代漢語，一字表示一語，成爲一個單位。因此，漢語被稱爲孤立語的代表。但漢語在史前時代，並不是現在樣的單音節語，而和其他許多語言同樣的爲多音節語；形態質作爲（B）而從屬於意義質的事實，是由近來的研究而漸次闡明了的。即，這曾經也是一個綜合的自律語❶。但進入歷史時代後，漢語卽化爲單音節語。因之，漢語的實際語言活動上之單位，不是語而是句（sentence）。印度，歐洲系的諸語言，由其語形變化，卽由其文法的屈折，便能顯示其語在一個文章中所扮演的作用。但漢語並無此變化或屈折。爲表示語的作用，特重視語的順序（word-order）。只好由語的順序去瞭解那個是主語，那個是目的語。漢語，由其文章中的位置而決定相互的文法關係，此點恰與英語相同。

並且，在中國古代，僅用單詞（Simple word）而成文造句，且經由發音卽可使其不生謬誤，可使聽者全無混亂之虞。試檢討周代（西元前一一二二—二五六）文獻，可知其語彙主要是由這種單詞所構成的，此等古代文獻，都是當時實際語言如實的再現記錄❷。這由當時極有力的問答或哲學上的議論，也一樣是使用單純語，極短而且簡潔的表現出來。可資證明。

然而，漢語，一般的說，並無語言形式上的詞類區別（Formal "Parts of speech"）因之，一個字，到底是作名詞用?，或是作動詞用，有時難以判別。此時，若僅按一定的語詞順序將各單詞加以排列，實難於充分傳達其意味。爲防止此種混亂，漢語便想出兩種方法。一種是內屈折（Internal inflection）。由此雖音節中的母音不變，但音節的聲調（Tone）會變。例如形容詞的好（上聲）字，將其讀爲去聲之好，卽成爲動詞。漢語在這點上，也有對應於心理底論理的各種範疇（category）的形式上區別。這正好與西洋諸語言中的「詞類區別」現象相等。但這種例子比較少、所以不能推翻漢語無形式上的詞類區別的通則。

比這更重要的是，在單詞上附加補助詞，以明示文法的變化的現象。在古代文言中，一個文章，是由主語或述語附加種種附加語（Adjunct）所構成。在白話，此一傾向更爲顯著。白話中，作爲補助詞，其簡單一例，有表現未來時態（Tense）的「要」字。要字作爲獨立語，乃「希望」「要求」之意。但在「他要來」的這句話中，則相當於英語之"He will Come"。即是，與英語助動詞之will相一致❸（古代語常以「將」字表示未來形）。

另一方亦有相當於格語尾的東西存在。例如「以手扶之」，「以」字本來是動詞，與英詞之using的意義相同；但成爲前置詞性之不變詞（Particle），却與英語之with意義略同。同樣底，「的」字也作爲形態質，等于日本助動詞的「の」字。「先生的話」，「幾千年的書」，「說話的樣子」等句皆是。因之，「A的B」，或者，是表示屬格的關係，或者是將A轉化爲形容詞的意味。總之，附加「的」字時，使形容語（Attributé）得以成立（按將A轉化爲形容詞時本譯文皆用「的」字）。在現代官話中，「的」純粹是文法上屈折用的附加詞，此一傾向，自宋代就已明顯出現。

從上述的現象看，我們可以承認漢語也有助辭的用法；至少是助辭正逐漸發展着。但於此，應指出漢語的兩點特徵。（一）漢語原係單音節語，一語由一音節而成，故作爲形態所能指出的助詞，在字面上，亦以一字充之。（二）漢語隨着此種語言之法則，既使當其各個字，在扮演接尾語，接頭語或附加語的機能時，依然直觀的再現其原義。但印度，歐洲諸語，附加語僅扮演其爲附加語的機能，其歷史的原義，從說話者之意識裡已消失淨盡。即是，附加語的原義已徹底消失。但在漢語中，則尚未充分完成。

漢語的特性，可論者尚多；但這在論到中國人思維方法的各個特徵時再行提及，現在僅止於上述的基本問題。

第二節　包攝判斷及同一判斷

一、語　順

漢語具有如上述的性質，故文法上的形態論（Morphologie）全然不成問題。因此文法中心問題，當然應置於句法（Satzbau, syntax）問題之上。漢語句法的問題，非常複雜。因其無劃一的規則，故須綿密的研究。據倉石武四郎教授的論證，其原則大約可概括爲如下之三條：

（一）主語下面，爲說明語。若需補語時，則補語在說明語之後。

（二）補語若須有指示人及指示物的兩種時，例如「我送張先生一本書」這句話，則指示人的補語在先，指示物的補語在後。

（三）修飾語置於被修飾的語言之前面❹。

不錯，作爲基本的原則，大體是如此。但是，關于漢語的句法，還有許多應論及問題，法國及中華民國之學者，曾發表過很精密的研究❺。現在不觸及這些細密的問題，而僅論及單純的判斷與推理的表現形式。

就右述的諸規則看，漢語的主語在先，述語在後，此種順序與西洋的諸語言及日本是相同的，似乎沒有特別提到的必要。然而，印度的梵語，則正與此相反。梵語爲表現「S是P」的這一判斷，例如“Anityah sabdah”「無常，聲」，述語放在前面。此點恰與中國人相反。因之漢譯佛典的人，隨著漢語的語言順序而譯爲「聲無常」❻。漢語與古印度語之順序不同，釋道安（三一二—三八五）已經有所自覺。「梵語盡與漢語顚倒，無法照着直譯，故而使從秦語」（秦之語順），認爲這是翻譯上必然附隨的一個缺點❼。故而中國人自覺地把主語放在前面。中國的因明學者們❽把主張命題（宗 Pratijaua ）的主語稱爲「前陳」（又稱爲「前之所陳」），將述語稱爲「後陳」（又稱爲「後之所陳」）。此兩者名稱之不同，是因時間上的區別（先後）。因之，「前陳」也是「先陳」❾。即是，中國的因明學者，認爲在心理上，主張命題的主語，在時間上也是先被表象的；而述語之進到意識則要較後。所以，中國因明學者們的解釋，與印度論理學者們的解釋，剛剛相反。而論理學者們的這種態度之不同，正說明尚未清楚自覺的兩民族的思維方法之差異。

由中國人把主語先表象於意識裡的這一事實，在有關中國人的思維方法上，我們可以看出如下的特徵：（一）較之普遍的東西，更注視特殊的東西乃至個物。（二）較之主體的東西，更重視客體底能夠把握的東西。（三）與看不見的東西相對而承認看得見的東西之優越性；即是，特重視由感覺作用所知覺的東西。

二、繫辭（也，是，即）

關于主語與述語之關係的這種把握方法，僅與印度人不同，與西洋人和日本人是相同的。既如此，則在什麼地方可以看出中國人與西洋人或日本人之間，在思維方法的不同呢？

我們試精密檢討同一判斷乃至包攝判斷的表現方法時，還可以看出中國人獨特的思維方法的特徵。在漢語，表現肯定底同一判斷或包攝判斷時，就緊接着在主語之後加上述語便好了，不需要特別的繫辭（Copula）。即是將二語並排卽可。相當于德語的sein，英語的to be的，在漢語中並不存在。我們日本人把漢字的「也」字讀爲「ナソ」，好像「也」字相當于繫辭；其實這不過是加在文章的最後，僅表示一種決定，以加強文章的意味。所以「也」字也可稱爲語助詞⓾。亦可稱爲終結不變詞（Particule finale）⓫。例如「日本古倭奴也」(註三)，這是一種同一判斷；「君將納民於軌物者也」及「子誠齊人也」，這都是一種包攝判斷；但這些文章中的「也」字，只是加強全體文章的意味。因之，「也」字不是繫辭。還有，在否定判斷的場合，雖使用「非」「不」等字，但這不過是否定詞，也不能說它常含有繫辭的意味。

在普通論理學中相當於繫辭的字，在漢語中並不存在，這一現象是應該充分注意的。印度的諸語言，乃至西洋諸語言中如希臘語拉丁語等有時也可將繫辭省略掉；但西洋的代近語，則不許省略。這在論理上是意味着什麼呢？大體上，一般自然的判斷，主語由自己而爲述語的這種事態，是主語變成述語的意思。即是，在一切眞正的判斷，繫辭的存在，必以生成爲其眞義。在中國人，則由主語之自己分割而來的生成的一面被忽視了。此點很與印度人相似。這與中國人靜態底把握一切事物的思維方法之特徵有密接的關係；所以留待後面再加考察。

當然，在漢語中，也用類於繫辭的「是」字，置于主語與述語的中間。即是，把肯定底判斷，以「A是B」表現出來。然這是對應于德語之A，dies（ist）B，法語之A，C'est B的表現形式。因之，「是」字不是繫辭。爲了加上一個「是」字，而一個文章的意味更被強調，更成爲決定的。所以「是」字亦可轉化爲「實」(Wirklich, richtig, recht)

的意味。

「是」字，一見好像是繫辭的用法，早存在於中國古典之中，例如《老子》⑫。據Franz Kühnert氏的研究⑬，這決定用作單純的繫詞，總具有「如是」So-sein的意味。

所以「是」字不能逕直看作繫辭。但是，一見好像是用作繫辭的這一語言現象，在論理學上，是應該充分注意並加考慮的，此一現象不僅出現在漢語中，就是馬來語中亦存在的。此語言現象，我們又該如何解釋呢？

首先試考察「這」字所表象的意義。黑格爾隨着意識經驗的確實性階段，而將精神現象學分爲六個現象學。其中，第一個是「意識的現象學」。在此所考察的意識的形態，眞理與確信是分離的。眞理在對象的側面，而確信則存於主觀底意識的側面。在這種意識中，最初，也是直接的所與的東西，是「感覺的確信」（Die sinnliche Gewissheit）。在此感覺的確信中，對象不過是作爲單純的「這個東西」（Dieses）。「這個東西」，在時間上，是「現在」（getzt），在空間上，是「這裡」（Hier）。除了「這」以外，語言不能表現的此種感覺的確信，普通認爲就是直接表現對象本身的最豐富最具體的知識。然而，據黑格爾看，事實上，這種確信，其自身却顯示著最抽象而且是最貧乏的眞理。感覺的確信、實在是無任何內容的空虛而散亂的知識。這不過是意識的直接態⑬。古代印度的哲學家們，也曾就具體的事例、自覺到黑格爾所主張的事情。例如見眞珠母而說「這是銀」的這種謬誤認識，是如何成立的呢？對此一問題，印度的哲學家們，曾經有種種的議論。米曼差（Mimamsa）學派以爲此處所謂「這」（idam）者，僅是存在於主觀之前的物體的知覺（Purovartidrayyamatragrahana）；因之，不是此物體之屬性的正確知覺。此種誤認，是由於視者之視覺機官受到某些缺點的迷惑而發生的，尚未觀察到眞珠母這一事實，而僅知覺到與銀的共通性。這不外是直接的意識內之顯現。S'ankara 系統的吠檀多學派，則認爲此乃「『這』這一形相的意識之變容」，故可能包含錯誤。

只要留意到「這」的表象是此種性質，則中國人用相當於繫辭的「是」字的這一事實，不能不認爲是表示把述語所提示的東西，常作爲客體的對象的，而且是直接的感覺的所與，從而加以把握的思維方法。「Ａ是Ｂ」的表現方法，已如前述，學者間認爲是對應於法語的A, cest B的表現形式；然與此相反，「是」字有時也應解釋爲是在修飾述語。例如「Ｓ即是Ｐ」「Ｓ亦是Ｐ」，和述語的親近性特強，所以「是」乃關涉述語的指示形容詞。因此，在這樣的判斷表現形式，是把述語作爲客體的對象底而且是直接的感覺的東西而加以表象的。而且在述語所應表示的普遍者，也想作爲個別的東西去把握，換言之，若不把普遍的東西看作具象化的個體，而只作爲普遍者加以敍述，這是中國人所不喜歡的。

還有，「卽」字，亦好像是相當於表示同一判斷命題的繫辭。例如「煩惱卽菩提」的表現。然而「卽」字不是單純的繫辭。「卽」字的本義是就食，作爲動詞可訓爲「就」。作爲接續詞則與「今」的意義相同。

所以在單純的同一判斷的表現形式中，使用「卽」字時，卽在「Ａ卽Ｂ」這種場合，常識地說，儘管Ａ與Ｂ之間，存有某種難一致的東西，然忽視這種不一致而遽作某種斷定。例如「事無兩全，非失敗卽成功耳」，「失敗」與「成功」，乃相反的概念，但不是矛盾概念，所以「非失敗」＝「成功」的斷定，是錯誤的。此時「非失敗」的概念，並不周延。但依然將兩者等視。又如「因緣所生法，我說卽是空」的判斷，也是想把常識上難以一致的兩個概念加以等視。更進一步，當敍述具互相矛盾特性，並且自覺其爲矛盾的兩概念，加以等視時，便使用「卽」字。卽是內含矛盾爲契機的。「一卽一切，一切卽一」的這個命題，最能表示這種矛盾的關係。天臺宗區別「卽」之意義爲三種[14]。

（一）「二物相合之卽」。此如合金與木之關係。煩惱與菩提，原是各別的東西。煩惱是相（顯現的姿態），菩提是性（本來的東西）。性與相合而不離，謂之煩惱卽菩提。故不能確斷煩惱，卽得不到菩提。這是大乘佛教中的「通教」的解釋。

（二）「背面相翻之卽」。煩惱與菩提，原是一體。但有背與面之不同；從悟之背說是菩提；從迷之面說是煩惱。卽是，隨無明，則有由煩惱而來之生死；隨法性，則得由菩提而來之涅槃。所以不破無明而順法性，卽不能得菩提。這是大乘佛教中的「別教」之所說。

（三）「當體全是之卽」。菩提與煩惱之關係，猶水與波之關係。迷者見之，一切皆在生死之中；悟者見之，一切皆涅槃。故無斷捨煩惱之必要。不斷人生而有之惡（性惡），也能到達佛的境地。這是究極最上之教的圓教之說。

故而「卽」是以矛盾爲本質的契機，不是單純的繫辭。眞的，黑格爾也在單純的繫辭Sein之中，看出矛盾的契機；然漢語之「卽」，一開始卽以矛盾的關係爲前提，而且這是爲一般日常所意識到的，所以與黑氏所說的大異其趣。

三、語順之顛倒

以上，考究了主語在先，述語在後的漢語的原則。但在漢語中也有違反這種原則的。此即語順之顛倒（Inversion）。例如：

「高者抑之，下者舉之。」（《老子》，第七十七章）

「吾斯之未能信。」（《論語・公冶長第五》）

「除君之惡，唯力是視。」（《左傳・僖公二十四年》）

「率師以來，唯敵是求。」（《左傳・宣公十二年》）

「安定國家，必大馬公先。」（《左傳・襄公三十年》）

從這些例子看，語順的顛倒，也有一定的原則。（一）在述語部分中，必含有他動詞（及物動詞）。（二）他動詞之前，必放上「之」「是」「焉」「或」「來」「斯」「於」「實」等助詞⓯。

這是一般中國學者所揭示的規則。然用助詞的第二規定「之」等助詞的規則未必死守。例如：

「古木鳴寒鳥，空山啼夜猿。」（魏徵，《唐詩選》，第一卷）

「江上巍巍萬歲樓。」（王昌齡）

這分明是語位顚倒，而且述語是自動或者是形容詞。

「我修菩薩行時，若有衆生，來從我乞手足耳鼻，血肉骨髓，妻子象馬，乃至王位，如是一切，悉皆能捨。」

右文中，「如是一切悉皆能捨」為主文，其餘皆屬副文。

在這些文章中，關於語的順序，幾無任何規矩；然中國人讀這類文章都能了解其意義。這是什麼原因呢？與此現象相關連，封博爾特（Humboldt）以爲：漢語一見雖無顯明的文法，然爲了認識語言的形式關連，依然存在着感受銳敏的東西。當發音之際，以一個音所表示的一字一字的音節（Syllable），皆各個加以區別，並影響其他音節⑯。然而，是以何種方法發生影響，以何者方法，一連的字句，可以總括地被表象着呢？對此問題還未充分的究明。對于此語順不同的同題，我覺得或許可作如下想法，在右舉的諸例中，論理學上應視爲主語的字，有時隨而不現於表面，也有時明顯地表現出來。然而，不論在那種情形下，作爲主語的東西，都是行爲底主體，卽，都是人。或者，有時也作擬人的表象。

此原則，說「S是P」的判斷時也被遵守着。既使就應視爲例外的文章來看，例如：

「無利無功德，是為出家。」（《維摩經・弟子品》）

此文的S與P，好像是顚倒的。但「爲」乃「視爲」之意，「是」係承接「無利無功德」，將「是」與「出家」等視。然此文章之主語，是被隱藏着的一般的人，或者係敍述此文章的說話者（乃至贊成此話的人們）。所以，這種場合，還是適合於以人底行爲主體作爲主語而先表象出來的原則。

並且在遵守上述原則的範圍內，忽視漢文的語法，也沒有關係。例如：「朝辭白帝彩雲間，千里江陵一日還」（李白）的詩句，「辭」與「還」的主體，是作此詩的人，即係人。

多數漢譯佛典、皆儘可能使其成爲上乘的漢文、但就中亦有按梵文的原文的語順翻譯者、隨朝的笈多譯《金鋼能斷般若波羅蜜經》、則爲其最佳例證。其文如下：

「爾時命者善實起坐一肩上著作已，右膝輪地著已若世尊彼合掌向世尊邊如是言……聽善、善意念作．說當．如菩薩乘發行住應、如修行應、如心降伏應、如是世尊、命者善實、世尊邊願欲聞．世尊於此言、此善實、菩薩乘發行、如是心發生應、所有善實、衆生、衆生攝攝已、卵生、若胎生、若濕生、若化生、若色、若無色、若想若無想、若非想非無想、所有衆生界施設已、彼我一切無受餘涅槃界滅度應、如是無量雖、衆生滅度。」⑰

此大體乃依照梵文的語順逐字而譯者、是極不適當的漢文，但依然是通用的譯文。

上面這類異例尚且成立，故漢語的語順是非常自由的。「甲打乙」的這句話，「甲＋打＋乙」，這是最普通的表現形式；但「甲＋乙＋打」，或者「乙＋甲＋打」的這種表現形式，也未嘗不可以。無格語尾而允許這樣的自由，當然會注意到這在意義的傳達上是否會發生障礙？但漢語的文章主語，是以人的行爲主體爲主，以此爲前提，所以不會發生混亂。當然，人以外的東西，有時也作爲主語，然這種比較的少；而且在這種場合，作爲主語的事物，也實係擬人地被表象著。我們於此，可以了解中國人既使客觀的事物也在與人的關係上去把握，不把人分離去理解客觀世界的一種思維方法的特徵。

這種思維方法的特徵，未必限於中國人，日本人也是如此。印度人，歐洲人也是一樣。其證據爲，在印度，歐洲系的諸語言中，中性單數之主格（Nominative）與對象格（Accusative），完全是同形的。因爲以中性形所表示的字，不能作爲主語。所以也從不用中性語的主格。但隨時代的經過，人的思維能力進步，以中性形所表示的客觀底事物，也起而成爲一個文章的主語，因之，也出現了主格。但由中性語所表示的事物，在這以前，常是作爲客體的東西被表象著，所以在主語的場合，依然將對象格之形，作主格去使用。這是學者們的解釋。因此，印度語和歐洲語，客觀的事物，在古時不能作爲主語。用作主語的場合，須作爲男性形，或作爲女性形，即被擬人化。

所以把行爲主體底東西常用作主語，未必僅是漢語的現象。但印度，歐洲語族，很早就脫離了這個階段。而發達了高度文明的漢族，關於思維方法的這一點，却依然停止在這種原始幼稚的狀態，這是值得十分注意的現象。

第三節　內屬判斷

一、實體與屬性之無區別

內屬判斷的問題，在前二節也部分地說到，現更加以詳細的考察。

在漢語，沒有名詞、動詞或形容詞的區別。所以「其樹櫻也」的包攝判斷和使作用（或運動）歸屬於實體的內屬判斷之「黃鳥鳴不歇」（李白），「孟子去齊」，乃至和使屬性歸屬於實體的內屬判斷之「彼山高，此山低矣」，在文法上全無任何區別。因之，在表現方法的範圍內，漢語的包攝判斷與內屬判斷並沒有區別。漢語的一個文章，到底是屬於這些判斷，中的那一種判斷，不能從文章的表現形式去知道，而只有從構成文章的語意內容上去知道。所以只要依據這種表現形式，當然對於內屬的關係，不能成立充分的自覺。即是，不能明確意識到實體與作用，運動，屬性等的區別。

在這些關係之中，實體與作用及運動之區別，比較不發生混雜。何以故？因爲一個實體所具有的作用或運動，是一時的偶有的，所以縱在言語表現上未能區別，但在內容上，是容易理解兩者之區別的。然而屬性是恒常內屬於實體的，於是區別兩者的意識，有時甚至不明瞭，或是曖昧。而且此一事態，關係到中國人的思維方法之性格。是有極重大的意義。

原來，在漢語中，卽使是名詞，到底是表示具體的事物？抑是表示抽象的概念？有許多是不十分明瞭的。漢語中的附着詞（Affix）雖然一般是爲了使意義正確而用的；但卽使結合有附着詞，而意味却依然是曖昧。例如把「者」字附加在「死」字之後，而成爲「死者」的時候，成立了二種的動詞性名詞（Verbal noun），卽成爲「死的東西」、「將死的人」

「死了的人」，可以當爲任何一種意義解釋。因之，在中國人之間，普遍與特殊乃個物之間的區別，及實體與內屬於實體之屬性的區別，沒有充分的意識到。並且常有將一切都看作是個物的傾向。梵語因形容詞與名詞在語形上沒有分別，所以一切都解釋向普遍的方向，忽視個物，此正與漢語相反。忽視個物或特殊者與普遍者間的區別，忽視實體與屬性的區別，致使不容易成立關於客觀界的秩序底認識，在這一點上，兩民族是相同的；但印度則置重點於普遍的一面，中國則置重點於個物的一面。

若照着中國人這樣的思維方法乃至言語形式，則不能以充分的自覺來考慮內屬判斷。並且，若不區別實體與屬性，則也不會考慮到兩者之內屬（和合 Inhärenz ）的關係，所以在中國沒有成立像世衞（ Vaisesika ） 哲學那樣的範疇論。此學派之《勝宗十句義論》雖經漢譯，但在中國幾全未加以研究。

二、中國詭辯之特性

只要留意到中國人這種思維方法的特徵，則我們能夠明確理解中國所以會成立某種特有的詭辯的原因。

中國在春秋戰國時代，恰正與希臘智者團（ Sophist ）之盛起同時代，當時所謂「名家」的學者輩出。名家的學問稱爲「名學」。在這種名學中，我們可以看出中國論理學的萌芽。（至今中國仍稱移自西洋的論理學「名學」。正如 logic 是 logos （語言）的學問，在中國是爲「名」的學問。）惠施、公孫龍說了種種的詭辯，其中有些是與他國的詭辯家相同的。

例如傳下來的否定運動或變化的幾個詭辯，其立論的方法，是與希臘的塞龍（Zenon）相同。與此相似的議論，在西歷紀元前印度的古典中也有傳述。但是，在另一方面，還有中國特有的詭辯。現在試檢討其中的二三。

公孫龍的「白馬非馬論」及「堅白論」特別有名。「白馬非馬，可乎？曰可。曰何哉？曰馬者所以命形也。白者所以命色也。命色者非命形也，故曰白馬非馬。」（《公孫龍子·白馬論第二》）「堅白石三可乎？曰不可。曰二可乎？曰可。曰何哉？曰無堅得白，其舉也二。無白得堅，其舉也二。曰得其所白，不可謂無白。得其所堅，不可謂無堅。而之石也，之於然也，非三也。曰視不得其所堅，而得其所白者，無堅也。拊不得其所白，而得其所堅，得其堅也，無白也。」（《公孫龍子·堅白論第三》）即是堅乃由觸覺所知覺，白則由視覺所知覺。知堅石時不知白石，知白石時不知堅石。所以堅白石不是一個，是兩個。

這種詭辯大致理所當然地在通用，正由於中國人未能充分自覺到實體與屬性之區別及此種區別的意義。這在漢語中，是對應於實名詞（Substantiv）與形容詞（Adjektiv）之未能區別的這一事態而來的思維形態。

這種思維傾向，在論難惠施一派的詭辯的荀子，情況也是相同的。荀子之說如下——名有單名，有兼名。表示一個概念時，用單名；兩個概念，同時在同處可以徵知時，用兼名。單名，例如「馬」；兼名，例如「白馬」[19]。（按《荀子·正名篇第二十二》原文爲：「單足以喻，則單；單不足以喻，則兼。單與兼無所相避則共，雖共不害矣。」楊倞注：「若單名謂之馬，雖萬馬同名。復（複）名謂之白馬亦然。」此處乃日人之意譯。）此時把握兼名的方法，沒有意識到實體與屬性的區別，不過將「白」與「馬」作爲同一資格的「名」在把握。

沒有自覺到實體與屬性的區別的這種思維傾向⑲，不獨名家爲然，在後世佛教學者議論之中也有此種傾向。例如華嚴宗之大學者圭峰宗密（七八〇—八四一），曾有如下的議論⑳：

「佛法世法，一一皆有名體。且如世間稱大（＝元素），不過四物。《智度論》云，地水火風，是四物名；堅濕暖動，是四物體。今日說水。設有人問：『每聞，澄之卽清，混之卽濁；堰之卽止，決之卽流。而能灌溉萬物，洗滌萬穢．此是何物？』擧功能之義用以為問，答云：『是水。』（擧名爲答）愚者認名，卽謂已解。智者應更問云：『何者是水？』（徵水之體）答云：『濕卽是水。』（剋體指陳，一言便定。更無別字可以代替。若云冰波清濁凝流是水，則與其所問之詞何異？）佛法亦爾，設有人問：『每聞諸經云，迷之卽垢，悟之卽淨；縱之卽凡，修之卽聖。能生世間出世間一切諸法。此是何物？』（擧功能之義用爲問）答云：『是心。』（擧名爲答）愚者認名，便謂已識。智者應更問：『何者是心？』（徵心之體）答：『知卽是心。』（指心之體。此言最明，更無餘字。若答謂非性非相，能語言運動等，此是心，則與其所問者何異？以此而推水之名體，各惟一字，餘（＝此外的）皆義用。心之名體亦然。濕之一字，貫于清濁等萬用萬義之中。知之一字，亦貫於貪瞋慈忍差惡苦樂等萬用萬物之處。』

在這裡，將水這個概念（名），與水之屬性，或作爲本質（體）的粘着性（濕），看成一個東西。卽在這裡表現出了不區別實體與屬性的中國人的傳統的思維方法。並且，只有順隨此種思維方法，中國的佛教徒，始能敎化中國的一般民衆。

第四節　存在判斷

一、有

在西洋及印度語言中，含着「有」的意味的，是Sein，to be（及相當於此的字）。相當於此意義的漢語單字爲「有」，譯das Sein 爲「有」。然而，Sein，to be或可用作「是的」（essenta）與「有的」（existentia）兩義；而「有」則僅用於後者的意義。用於前者意義的字卽普通所稱爲繫詞（Copula）的字，已如上所指摘，漢語中是沒有的。因之，「有」字應相當於西洋語中之“there is”，“il y a”，“es existiert.”。

然而，就中還有一個微妙的不同點。正如日本人讀漢字的「有」爲「あり」或「もつ」「たもつ」一樣，是含着所有的意義。「歸我所有」的這一用法，最能明白表示此意。所有，是含着所有的東西，與有的東西的意味㉑。說「有朋自遠方來」的時候，不僅是There is的意味，而且也含着說話者所有其友人的意味。在這一點，可說更近似於法語之Il Y a。「有……」的文章，在中國人則是含有「某人持有……」之意。在因明上㉒，說「有火」，是「那山有火」之意。

具所有之意味的動詞，用以表示「存在」的意味，這在其他的語言中亦可。例如法語"Il Y a Dieu"「神存在」的說法。此外，與此同樣的語法，在其他近代西洋語中也可以看到。這一點可謂與漢語相似[23]。然而在這些語言中，表現所有的判斷，與表現存在的判斷，在某一點上，大體上是以不同的語言形式表現出來；而漢語則兩者毫無區別。因之，在印、歐語，「……（主語）有」的在判斷的文章中，其作爲主語的東西，在漢語，則將其置於「有」字之下[24]（關于「無」的這一否定字，也與此相同）。在印、歐語的存在判斷文章中立爲主語的，都是從屬於主體的客體的東西；縱使是人性的東西，也大概是物的；或用數量加以計算的東西。在存在判斷中，爲表示所有的主體，希臘語是用所有的與格（Dative），印度諸語言則用所有的屬格（Genitive）。雖有這種的不同，然兩者以客體的東西作爲存在判斷之主語，在這一點上，是完全一致的。但在漢語的存在判斷，則主語都是所有的主體，客體的事物，以客語表示之。在中國人的思維中，存在判斷，是以人的所有爲問題的。

這種性格，在西洋語言中，並不是完全沒有。例如，希臘語的Ousia，是從「有」的動詞所形成的名詞。但這原來是含有所有物的意味的字。此一意味，據說一直到亞里士多德還保持着。Ousia同時是「所有的東西」。所謂所有的東西者，是在眼前可使用的東西，爲使用而拿到身邊的東西[25]。然而，Ousia 是在與人的交涉的存在而爲有，這一事實，係由特別留心的學者的研究，才開始明瞭的。西洋人，一般底把存在判斷作爲文章而表現出來的場合，這種與人的關連，大體被忽視掉。因爲被忽視掉，所以如此的喚起注意，才被看作是很特別的。

當然，在漢語中，如「A有B」這類的文章，A也可能係不是人而是物體。例如「山有火」「庖有肥肉」之類。這種場合，「山」「庖」，雖然不能作有的這種行爲，但這是把有的這種人的關涉方法，移之於物體，作擬人的表象而加以敘述的。因之，在存在判斷中所含的諸概念之意味關連，西洋人與中國人的場合，稍稍不同。把「庖有肥肉」(《孟子》)與英文的There is some meat in the kitchen或法文之Il y a de. la vlande dans la Cuisine相比較時[35]，在西洋人之心理中，「庖」與「肉」是無關係的，前者僅作爲後者存放的場所，只是在此種意味上承認兩者之關係而已。然而在中國人的心理中，則「肉」是隸屬於「庖」的。於此，可以了解，西洋人的存在判斷，大體是通過了分析的思維過程後所作的，而中國人則未經過此一過程。在中國人的思維方法，「庖」之中有「肉」，是看作和桌有四脚，馬有四蹄是同樣的。在「庖有肥肉，原有肥馬，民有飢色，野有餓殍」的四句文章中，一切的主語與客語之間，都認爲是在同一意味的隸屬關係。

因爲這種情形，所以在漢語中，「有」字不置于文章之末尾，就此使其成爲述語。因漢語一般是主語在先，述語在後，故以「有」爲述語的存在判斷(Sist)，可說在漢語中並不存在。

從來，西洋一般論理學者，認爲存在判斷，是對于一個主語(例如「機」)而稱述「有」的述語的(Prädikation)；換言之，即是「機」與「存在」之徵表的結合。眞的，僅就"S ist"這樣的表現形式看，大體，這樣的看法，也非勉強。然而，在西洋的言語中，il y a, es gibt, there is 等的文章，必定先述說「有」。接着在es gibt 之後，或加上eine Uhr（時鐘），或加上eine Füllfeder（自來水筆），或成爲There is nothing也不一定。es gibt等，也可認爲是說話者給聽話者以了解的準備表象。至於存在判斷能否成立爲獨立判斷的種類，在西洋學者間，從來也有異論。亞里士多德派（Peripatetiker）的愛德姆斯（Eudmos）認爲「有」（E"otl）這個動詞，可以作爲判斷之述語，因之，存在判斷，不必要繫辭，僅以二項爲已足㉗。相反的，阿力克山大多羅斯（Alexander vor Aphrodisiä — 198～210），則加以反駁說「有」這個動詞，僅可作爲繫辭，不能作爲述語㉘。對印度的論理學者們來說，存在判斷一點不是問題，他們認爲對于一個概念而敘述另一概念的，是亦內含有論證後者的存在之意。所以他們不承認存在判斷這樣的特別的判斷。

又據近世論理學者布倫塔諾（Brentano）的說法，普通的判斷，是在定立主語的存在判斷中加述語判斷的二重判斷（Doppelurteil）。例如「此木開花」（Dieser Baum blüht）的情況，此時話者先承認「此木」，所以已經作了一回存在判斷的單一判斷。接着再作承認「開花」的這一述語的判斷作用。作爲二重判斷之綜合，而說「此木開花」，所以這是兩個判斷的綜合㉙。據繼承他的馬爾特（Marty. 1847～1914）的看法，存在形式之文（Existenzialsatze），例如Es giht, il y a，是缺少論理上的主部而有文法的形式的主部，述部「無主部」文（Subjekt'ose Satze），是表示單一判斷的㉚。至少並不像一般的存在判斷，先確立某一事物爲主語，然後再做「存在」的述語，是異於普通的包攝判斷的一種判斷形式，此爲其他的學者所表明的另一見解。例如，據紀格瓦爾特㉛（Chrsitoph von Sigwart, 1830～1904）的主張，認爲所謂存在判斷者，是關係判斷之一；是先表現被表象的某種對象，及直觀表象此對象之主觀的相關關係。

若考慮到若干論理學者們這類主張，則不能斷定印、歐語中存在判斷的表現形式，是唯一正當的；漢語的這種判斷很難說是不適當的。在某些場合，漢語反而可說是更能表明存在之眞義。在存在判斷中，存在和被述語的東西，和某物有相關的關係，西洋語言中，沒有明白底表明出來，而在漢語的存在判斷的表現形式中，却常在表現裡使其能意識到這種關係之存在。而且所謂這種關係者，到底是對人的依存關係。若考察到這種事態，則僅就此點而論，漢語關於存在判斷的表現法，恐怕不能說是非論理的。

中國人的思維中，被稱爲「有」的東西，是對於人的主體而爲客體的對象的東西的緣故，所以是被限定的東西。因此，中國人所稱爲「有」的，同時即是被限定之事。如說「有人曰」亦可讀爲「有人，曰」，亦可讀爲「或人，曰」，與「或人曰」是同義。還有，在「二十有八年」、「三百有餘歲」的表現中，「所存有的東西」，比之于所有的主體，常是被局限的。並且僅僅「有」字，不成爲判斷的述語。「有」是常作爲擔當個別的，特殊的性格而被表象着，不作爲普通者去加以表象。

在這一點，中國人與希臘人或印度人，恰恰是相反。而且民族全般的這種思維方法之特徵，也常反映於代表民族底哲學之中。老子主張一元論底哲學，一元之本體，認爲是周行于萬物的普遍底東西。但在他的形而上學中[32]，也以「有」爲形容現象界，即形容萬物的字，現象，是我們認識的個別的東西，故呼之爲「有」。相對的，道則係超越我們認識的實在，不能以我們的言語形容，所以假名之爲「非有」，卽，呼之爲「無」。遍在于萬物之原理不是有而是無。此一思維方法，規定了中國人以後的形而上學的發展。像希臘的 Eleatics 學派，印度的優婆尼沙陀或吠陀學派，規定絕對者爲唯一之「有」的形而上學，在中國畢竟不曾成立。又如新柏拉圖派一樣，隨着絕對者之「有」的漸次開展而減少實在性的這種哲學學說，這是中國人想也不曾想到的。

二、存及在

與「有」相似的字有「存」。這是說人，自覺地保持着存於人的某種東西的。並且「存」對「亡」而言，意味着主體的行動。正因爲這種緣故，所以明白地帶有時間的性格。由存身、存生、存命、存錄這些用法可以知道，「存」的本來意味，是「存……」，不是「……存」的[33]。僅僅，被保存於人的東西，由此而繼續保有，所以在日本語，客體的，對象的東西，稱爲存的這種用法，便以此而成立。因之，用「存」這個動詞的場合，主語也是人的行爲主體，客體的，有的東西，則作爲客體被表示出來[34]。而且「存」較之「有」，更含有人意志的努力的意味，在這點上，是極能表示中國性格的字。印度，歐洲語，沒有相當於「存」的字，連近似的字也難於發展。因此，從印度語譯過來的漢譯佛經，雖屢屢用「在」字，但幾乎沒有用「存」字。使「有」的東西與人的意志底努力相關連而把握之，我們可於此看出中國人思維方法的一顯著的特徵。

對比於「存」的語是「在」，是在某場所之意。亦有表示在某一定之時期或關係之中的

㉟，但此種場合，其時期或關係，都是空間地被從表象加以觀看。作爲場所的空間，不論係何意味，總是客觀的原理，所以「在」字可以說是最近於西洋的 Sein, to be 的字。當用「在」的動詞作存在判斷時，客體的，對象的東西，被建立作主語。例如「子在齊聞韶」（《論語》）「雲在天，水在瓶」。因之，用「在」的存在判斷，可以說是最近於西洋印度語中的存在判斷的表現樣式。故漢譯佛典，屢用「在」字。然而「在」字必隨伴着場所的連想；而且從實際之用例看，場所多意味着某種人的關係㊱。所以漢語在此種場合，也是很少離開人的關係，去把某種東西作爲自然的有，而去加以把握的。

第五節 推理

一、表現形式

漢語在敍述了幾個事實判斷之後，要敍述一個結論的場合，在結論之前，常置「故」或「以」「故以」「所以」「是以」「是故」「茲故」「如是故」「然則」等字。即是，把理由句表示在前面。形式論理學底說，漢語以AAA（Barbara）的形式最多。但兩個前提之中，常常省略一個。

把前提述在先，歸結述在後，這一點和西洋的形式論理學所立的方法是相同的。和把主張命題述在先，將理由述在後的印度論理學，恰恰是相反。形式上的這種不同，正與中國人在命題上把主語述在先，述語述在後；而印度人則述語述在先，主語述在後相對應。於此，我們可以承認中國人與西洋人同樣的是從具體的，經驗的，感覺的事實演繹出結論的思維方法的特徵。

然而中國人與西洋人所不同者是關於前提與結論的區別，沒有充分的自覺。一般而言，漢語中像英語的 While, if, to 法語的 Lorspue, de 這樣的關係詞，用得比較少。所以，一直到現代，這些關係詞被譯爲漢語時，往往被省略掉㊲。甚焉者，不由文法成分，也不由語的順序，而僅僅由併列甲的觀念與乙的觀念；或者僅由併列甲的語句與乙的語句；而欲使其理解相互的關係。漢文中，這是定言的判斷？抑是假言的判斷？或者是推論？許多都不很清楚。例如：

「今不取，後世必為子孫憂。」（《論語・季氏》）

僅從此文的字面說，則既可解釋爲「若今日不取，則後世必成爲子孫之憂」的假言判斷之意；也可解釋爲「今日不取的，所以後世必成爲子孫之憂」的推論的意味。

「加我數年，五十以學易，可以無大過矣。」（《論語・述而》）

此文係假言判斷，是從內容推出來的。若僅就表現形式上說，也未嘗不可以解釋爲推論。

「世人結交須黃金，黃金不多交不深。」（張謂）

此文從前後的關係判斷，應讀爲「黃金若不多，交卽不深」。但若讀爲「因黃金不多（的緣故，所以）交不深」，從文法上說，也非不可能。所以中國人對于從各種前提導出結論的論理底自覺是稀薄的。

和由前提導出結論相反的，由主張或事實以推知理由或原因的思考，中國人絕非完全沒有。此種場合，多用「所以……者……」㊳的表現。原來這是爲了表示一個觀念的特質所用的成句㊴。例如：

「其所以異於深山之野人者幾希。」（《孟子・盡心》）

而且這也用來作爲表示一個事實之理由的表現。

「此乃陛下所以獨取拒諫之名，而大臣坐得專權之利者也。」

「仁宗之所以其仁如天，至於享國四十餘年，能承太平之業者，繇是而已。」

「天生聰明，所以為之主而治其爭亂者也。」

還有，爲表示理由提示的觀念，也有時作爲理由句被表示出來的。例如：

「吾所以有大患者為吾有身。」（《老子》，第十三章）

「君子所以異於人者，以其存心也。」（《孟子》，第八）

再者，在這種文章中的後一部分，若是理由句，則亦有時不用「所以……者」的語句，而僅用一「故」字表示之。例如：

「譚子奔苦，同盟故他。」（《春秋・莊公十年》）

「君子所性，雖大行不加焉，雖窮居不損焉，分定故也。」（《孟子・盡心》）

亦有用一「以」字表示理由者。例如：

「三代之得天下也以仁，其失天下也以不仁。」（《孟子》，第七）

這裡的「以」字，還可解釋爲是「使用」之意的動詞用法。然卽使是如此，依然應承認其作爲道具因的意義，所以仍不妨解釋其爲表示理由的。以此爲根據，故「以」字有時與「故」字作同義的使用。

「宋人執而問其以。」（《列子・周穆王第三》）

「遂志醫道，乘慈悲之願輪，吁有以哉。」（《梅花無盡藏》七，〈杏雨齊恍云云序〉）

從上述的那些例字看，這裡應特別承認其有兩個特徵。

（一） 作爲應說明的事實所述的部分較長，反之，爲說明理由所述的文章或概念的部分極短。所以中國人關於給以理由根據，不愛作深的考察。但若是將理由或原因述之於先，歸結或結果之於後的場合，則相當於理由或歸結的部分，也有作較詳細之敘述的。

「成王有過，則撻伯禽，所以示成王世子之道也。」（《禮記》，第八卷）

「謂之亂政。亂政亟行所以敗也。」（《春秋・隱公五年》）

「故君子居必擇鄉，遊必就士，所以防邪僻而就中正也。」（《荀子》，第一卷）

從這些例子看，可知中國人喜歡用從一個事象向次一事象因果關係或理由歸結之關係去追究的思維方法。反之，對於從作爲結果或歸結的一個事象，以追溯其原因或理由，則不曾充分發揮思維能力。

（二）　前舉的諸例，都是說明理由的。但由理由命題給主張命題以基礎之推理過程的這種意識，相當缺乏。反常將兩者合而爲一，以定言命題之形表現之。中國人不喜歡把理由與歸結，前提與結論，作判然的區別。

當然，在主張命題之後，不能不詳述理由命題的場合，在兩命題之間，插入「何故」兩字。古典中，墨子的這種用例特多。例如：

「至攘人犬豕雞豚者，其不義又甚入人園圃，竊桃李，是何故也？以虧人愈多。苟虧人愈多，其不仁滋甚，罪益厚。」（《墨子・非攻上》）

然明示追溯理由的表現形式，在古代漢語中極少。

定言判斷，不過是人的複雜思維進行過程中被切斷的靜止的一面。具體的思維，常是推理的活動。所以中國人較之推論的表現而愛好作爲定言判斷的表現法，這是說明中國人的思維方法，不喜歡動地把握事象，而喜歡靜止地去把握。我們在定言判斷之表現方法本身之中，已經指摘了中國人思維的靜止的性格；現在在這裡也可再加確認。中國人不愛以推論之形表現具體的思維，這正好和印度人把論理學的重點放在推論之上相反。

這裡，或者有人提出反對意見。古代中國人之間，也有追求理由根據之關係的思索。例如墨子下面的一段話，豈非很好的反證？即：

「然則何以知天之愛天下之百姓？以其兼而明之。何以知其兼而明之？以其兼而有之。何以其兼而有之？以其兼而食焉。何以知其兼而食焉？曰，四海之內，粒食之民，莫不犓牛羊，豢犬彘，潔為粢盛酒醴，以祭祀於上帝鬼神。天有邑人，何用弗愛也」。

（《墨字・天志上》）

這看來很像印度人之先立一主張命題，再逐次追求其理由的複合的論證方法。然仔細一想，右之所論，不是三段論法（Syllogism）的複合。在理由與歸結之間，沒有論理的必然的關係；也沒有考慮到普遍與特殊的關係。這裡所敘述的，不過是正當的述語（Correct predication）。即是古來所說的「正名」㊵。因之，就中國人來說，依然是對理由與歸結，前提與結論，缺乏判然的區別。

因為上述的情形，所以當翻譯嚴格區別理由與歸結的佛典時，中國人為了提示理由，不能不採用特別的方法。當簡單提示理由命題時，在理由命題之最後，用一「故」字。

「聲無常，勤勇無間所發性故。」（聲是無常。何以故？因為這是基於人的意志的努力所發出的緣故。）（《因明正理門論》）

然而理由命題長的時候，為了表示理由，則用「所以者何」「何以故」的句子。這是翻譯梵文的 Tat Kasya hetoh 的。

「雖度如是無量有情令滅度已、而無有情得滅度者。何以故。善現。若諸菩薩摩訶薩有情想轉、不應說名菩薩摩訶薩。所以者何。善現，若諸菩薩摩訶薩不應說言有情想轉，如是命者想，士夫想、補特伽羅想、意生想、摩納婆想、作者想、受者想轉，當知亦爾、何以故，善現。無有少法名為發趣菩趣菩薩乘者。」

一般地中國文章，很少用此形式。

還有，唐代著書中例如儀禮注疏，表示理由的文章，常用「以……故」，次述歸結的表現形式。例如《儀禮疏》卷六：

注：庶婦，……使人醮之，不饗。

疏曰：不饗者，以適婦不醮而有饗，今使人醮之，以醮替饗故，使人醮之不饗也。

疏文中循環用此種形式，這或者是當時白話文的影響。但，也應考慮到唐代的文章，是受有漢譯佛經影響的。這還有待於今後專門學者的研究。

二、不理解印度論理學的推理的規則

因為中國人一般對於推理或論證之本質，沒有充分自覺的理解，所以即使印度的論理學，曾一度作爲因明被移入，却不能充分理解因明所規定的推理的意義。被尊爲中國因明最高權威的慈恩大窺基，對於形式論理學的核心問題，完全缺少理解。

在陳那以後的印度論理學，特舉同品定有性（Sapaksa eva sattvam）。作爲因（媒概念）所具備的三特徵之一。若直譯，卽爲「同品之中定有」之意。此係因（媒概念）在規則上必須含於同品（這裡相當於大概念）之中。若不依照此規則，將陷於西洋形式論理學中所說的媒概念不周延之謬誤。但，慈恩大師，却不能理解此一推論的核心問題。他對此立有四句論述：「有同品非定有。……有定有非同品。……有定有亦同品。……有非同品亦非定有……。」[41]此種說明，僅係文字的遊戲，無論理學的意味。

因爲如此，所以中國的因明學者們，對于論證的謬誤問題—此是印度論理學者們最着力的問題——也不能正確地理解，論述。例如《因明入正理論》中有相違因；這正是指將欲論證的主張命題相矛盾（相違）的命題得以成立的理由句（因）而言的。然而在中國和日本尊爲因明學最高權威的慈恩大師之《因明大疏》，却「在四相違之註解上陷於曲解，未能將作爲似因而被說爲因明論理學之一部的東西，作論理學的理解」[42]。

第六節　連鎖式

連鎖式，是中國人最愛好的推理形式之一。西洋論理學書上使用這種連鎖式的實例，作爲前提所提出的各種命題，幾乎都是分析判斷。卽是：許多場合，多是從幾個分析判斷的連鎖，而得一個作爲結論的分析判斷。這一點，在與亞里士多德連鎖式對立的哥克勒尼連鎖式

（Goclenim sorites）也是相同的。

依據分析判斷的推論，在現實問題上，一點不會增加知識，所以西洋典籍中，用連鎖式的比較少。最低限度，用連鎖式所表現的思想，西洋很少作爲在現實實踐中的思想的基本的命題。然而在中國典籍中，連鎖式或類似連鎖式的論法非常多。當然，因爲中國不曾成立形式論理學，雖移入了印度的因明，但因爲沒有論理學的徹底了解，所以也不曾作關於連鎖式的論理學上的一般的立論。然而，類似連鎖式的論法，實際是中國人所好的。

在中國古典中，也有定言的連鎖式實例。例如：

「吾不知其名，故强字之曰道。强為之名曰大，大曰逝，逝曰遠，遠曰反。」（《老子》，第二十五章）

但爲中國特徵特別顯著者，乃在其他的表現形式。作爲連鎖式表現方法之一，例如，在「老子」中有「A，是以B，故C」的這種表現方法。

「五色令人目盲，五音令人耳聾，五味令人口爽，馳騁畋獵，令人心發狂。難得之貨，令人行妨。是以聖人為腹不為目，故去彼取此。」（《老子》，第十二章）

「善行無轍跡，善言無瑕謫，善數不用籌策。善閉無關鍵而不可開。善結無繩約而不

可解。是以聖人常善救人，故無棄人。常善救物，故無棄物。」（《老子》，第二十七章）⑬

丘尼特（Kühnert）在老子其他的文章中，詳細研究了「是以」及「故」的用法。其研究結果，認爲以「是以」開始的文章（B）是表示最初所述的文章（A）之一般的原則（或者是事情 Beschaffenheit）的適用（Nutzanwendung, praktische Anwendung）。以「故」開始的文章（C），是表示從前文（B）而來的必然的結果（效果 Wirkung）的。「是以」相當于拉丁語之 Ideo，Proinde「故」相當於 Ergo。

前進的或後退的連鎖式，儒書中也很多。

「自誠明，謂之性。自明誠，謂之敎。誠則明矣。明則誠矣。

唯天下之至誠，為能盡其性。能盡其性，則能盡人之性。能盡人之性，則能盡物之性。能盡物之性，則可以贊天地之化育。可以贊天地之化育，則可以與天地參矣。

其次致曲。曲能有誠。誠則形。形則著。著則明。明則動。動則變。變則化。唯天下至誠為能化。」（《中庸》，第二十一－二十三章）

「故至誠無息。不息則久。久則徵。徵則悠遠。悠遠則博厚。博厚則高明。博厚所以載物也。高明，所以覆物也。悠久，所以成物也。博厚配地。高明配天。悠久無疆。如此者，不見而章。不動而變，無為而成。」（《中庸》，第二十六章）

「上焉者雖善無徵。無徵不信，不信民弗從。下焉者雖善不尊，不尊不信，不信民弗從。故君子之道，本諸身，徵諸庶民。考諸三王而不繆，建諸天地而不悖，質諸鬼神而無疑，百世以俟聖人而不惑」（《中庸》，第二十九章）

「大學之道，在明明德，在親民，在止於至善。知止而後有定，定而後能靜，靜而後能安，安而後能慮，慮而後能得。物有本末，事有終始，知所先後，則近道矣。」（《大學》，第一章）

「物格而後知至，知至而後意誠，意誠而後心正，心正而後身修，身修而後家齊，家齊而後國治，國治而後天下平。自天子以至於庶人，一是皆以修身為本。其本治而末亂者未之有也。」（同上）

以上，大體都可視爲前進的連鎖式。

另一方面，也有後退的連鎖式。

「孟子曰，居下位而不獲於上，民不可得而治也。獲於上有道，不信於友，弗獲於上矣。信於友有道，事親弗悦，弗信於友矣。悦親有道，反身不誠，不悦於親矣。誠身有道，不明乎善，不誠其身矣。」（《孟子・離婁章上》）

「古之欲明明德於天下者，先治其國。欲治其國者，先齊其家。欲齊其家者先修其身欲修其身者先正其心。欲正其心者先誠其意。欲誠其意者先致其知。致知在格物。」

中國人像這樣的既用前進的連鎖式，也用後退的連鎖式。但在西洋論理學中，前進的連鎖式，是綜合的連鎖式；後退的連鎖式，即是分析的連鎖式。中國古典中的連鎖式，很難看出與西洋者完全相同。古國古典中，一個概念與一個概念之間，可以認出那是更基本的，那是更派生的；那是更普遍的，那是更特殊的這些漠然的關係。然而，一個概念對於另一概念，是立於分析的或立于綜合的關係，則不很明確。這裡可以認明中國人的非論理的性格。可是，在我們的生活中，並非由形式論理學所說的形式整備的連鎖式去活動思維，表現思維。作爲現實生活中的表現方法，中國這個程度已經充分了。因之，我們於此可以了然中國人思維方法的實際的、卽物的傾向。特別是在以行爲目的與其實現手段作爲問題這點，顯然是實利主義的。中國人的論理的思考之活動方法，不是西洋人的概念的，也不是實在論的。無寧可以說是功利的，權宜的。

西洋論理學中，構成連鎖式的各個命題，先作爲定言判斷（Kategoriches Urteil）來處理。定言判斷，在一切判斷形式中，是最單純而且最基本的，所以重視合理性的西洋人，先着眼於此，可謂當然之事。古時的西洋論理學，不很重視假言判斷。認識論地看，假言判斷，不直接表示眞理，因此，亞里士多德不重視假言判斷。假言判斷，是到亞氏之末流，及斯多噶派才當作問題的。

然而，在中國，從上面所揭示的實例看，含在那些論式中的各個命題，多是假言判斷（Hypothetisches Urteil）。（因此，假言判斷的前件與後件的中間，常放「則」或「斯」字以連結之。）這些議論是就人一旦具備某種德（例如誠）時，實際會出現某種理想的狀態，或者爲達到理想的狀態，應經歷某種手段乃至過程，主要由支配者的階級倫理的立場加以說明的[44]。所以在這種情況下，論究的動機，完全是實踐的目的。這才是連續着作假言判斷的原因。這種論究的方法與印度有很相類似之點。即是以人的活動爲問題。而不是追求自然現象間的因果法則，乃至普遍的概念與特殊的概念間的關係。中國的學者們，對於外部的自然界的事物，或抽象的觀念，沒有興趣；專求政治的道德的指導原理。

附註

❶ 新村出博士：《語言學序說》，一二一頁。

❷ 岩村忍、魚返善雄兩氏譯：《Karlgren 中國語言學概論》，一七七頁。

❸ 岩村、魚返兩氏：上揭書，八五、一七六頁。

❹ 倉石武四郎教授：《中國語教育之理論與實際》，一六七頁。

❺ M. Stanislas Julien: Syntaxe nouvelle de la langue chinoise, 1869 P.61。王力氏著：《中國文法初探》（特別是九九頁以下）。楊樹達氏：《高等國文法》（民國十九年商務印書館發行）。

❻ 參照《因明入正理論》等。

❼ 《出三藏記集序》第八卷《摩訶鉢羅若波羅密經抄序第一》。

❽ 已見於慈恩大師窺基的《因明大疏》。

❾ 「今澂因明，總有三重。一者局通。局體名自性，狹故。通他名差別，寬故。二者先後。先陳名自性，前未有法可分別故。後說名差別，以前有法可分別故。三者言許。言中所帶名自性，意中所許名差別」（《因明大疏》）。

❿ 楊樹達氏，《高等國文法》，六〇九頁以下。

⓫ Julien: op. cit, passim.

⓬ 「孔德之容，惟道是從」（《老子》，第二十一章），「美之者，是樂殺人也」（第三十一章），「惟施是畏」（第五十三章）。

⓭ 金子武藏教授譯：黑格爾《精神現象學》，一三二頁以下。

⑭ 三種「卽」之區別，出於《十不二門指要抄》。櫻木谷慈重氏：《十不二門指要抄國字疏》，九四頁以下。

⑮ 王力氏：《中國文法初探》，一〇四頁，楊樹達氏：《高等國文法》，二一六頁以下。

⑯ Die sprachilosophischen Werke Wilhelms von Humboldt, herausgegeben und erklärt von. Dr. H. Sleinthal. Berlin, Berlin, 1884. S. 652.

⑰ 隋大業年中三藏笈多譯《金剛能斷般若波羅蜜經》（《大正藏》，卷八，七六六頁下），文中標點經參考南條文雄博士《梵文金剛經講義》及其他不同譯本對照梵文本所附者。

⑱ 武內義雄博士：《支那思想史》，一一二頁。

⑲ Masson-Oursel（La philosophie Comparee, P. 112）說，以形容詞限定實名詞（substantif）或加述語等語的這種關係，漢語比之於印歐語，不甚明瞭。柏拉圖的Participation 之說，恰剋服了此種困難。

⑳ 《禪源諸詮集都序》下（宇井博士校訂國譯本，九六頁以下）。

㉑ 和辻哲郎博士：《作爲人之學的倫理學》，三五頁。

㉒ 《因明入正理論》（宇井伯壽博士：《佛教論理學》，三九〇頁）。梵文原文「有火」（Agnir vidyate），亦有改書爲「那山是有火的東西」的。

㉓ Otto Jesspersen: The philosophy of grammar. 1925, 156.

㉔ 違反此規則的恐怕沒有。以下諸例，初看好像違反了此一規則，但絕非如此：

「子曰：苗而不秀者有矣夫。」（《論語》）

「愛人得福者有矣，惡人賊人以得福者亦有矣。」（《墨子》）

「以若書之說觀之，則鬼神之有，豈可疑哉。」（《墨子》）

前二者之例，若照通例，置「有」字於最初，取成爲「有苗而不秀者」，「有愛人……，有惡人……」

的意味，爲防止此種誤解，故將「有」字置於下面。又第三例與「則有鬼神，豈可疑哉」同意。但以「鬼神有的這一件事，豈可疑嗎」的意味，故將有字放在下面（廣池千九郎氏：《支那語文典》，三一二頁以下）。

㉕ 和辻博士：前揭書，三五—三六頁。

㉖ 此實例係王力氏：前揭書，一八頁。

㉗ C. Prantl: Geschichte der Logik im Abendlande. I, 1855, S. 355. 註七

㉘ C. Prantl: op. Cit, I, S, 624

㉙ 小林智賀平氏：《馬爾特的言語學》，一七五頁以下。

㉚ 同上，一八〇頁。

㉛ Sigwart: Logik I. S. 87f.

㉜ 武內義雄博士：《支那思想史》，五三頁。

㉝ 詳細請參考和辻博士：前揭書，三七—三九頁。

㉞ 雖有「縱橫計不就，慷慨志猶存」（魏徵）之例，但這或者是爲加強語氣而將語位顚倒的。

㉟ 楊樹達氏：前揭書，四六〇頁。

㊱ 前揭楊氏書外，參照和辻博士：前揭書，三九—四一頁。

㊲ 王力氏：《中國文法初探》，一〇六頁以下。

㊳ Julien: op. cit P. 106g,

㊴ Cepar quoi, Ceen quoi, la raison pourla quelle.

㊵ Henri maspero: Noter sur la logiqüce de mo-tseu et de son ecole, Toung-pio, 1927, P.4.

㊶ 《因明入正理論疏》上（《大正藏》，卷四十四，一〇五頁上）。

㊷ 宇井伯壽博士：《印度哲學研究》，第一卷，二二五頁。此處詳論了四相違的問題。

㊸ 據武內義雄博士《老子之研究》二五九頁以下，「是以」以下的四句，是後代附加的。但我們以思維方法爲問題的場合，依然可作爲一種資料。

㊹ 「在中國，論理學和其典型的社會秩序相關連着」（Masson-Oursel: La philosophie comparee, P. 108）。

第三章　表現在諸文化現象上尤其是表現在對佛教之容受形態上的思維方法之特徵

第一節　序

一、把握特徵的線索，特別是中國佛教之特徵

在前章，我們已經以判斷及推理之表現方法爲線索，能把握到了中國人思維方法之若干特徵。現在想檢討這些思維方法之特徵，實際對於漢民族文化之形成，有了怎樣的影響。但全面檢討廣大的中國文化之全領域，不是容易的事。所以這裡先簡單檢討中國諸語言形成及古代思想（特別是佛教東來以前的）。看是否可以認出其有何種思維方法之特徵。這是第一個線索。

本書更進而把重點放在這些思維方法特徵，是如何規定了對佛教之容受形態，並如何使此普通的宗教變形，而且給後代何種影響等，加以考察研究。漢學家福爾克（Alfred Forke）說：「中國人的思想，可說是由佛教始受到訓練，並臻於成熟。」❶中國古來的哲學，幾全未注意到這種訓練。因之，當我們以中國人的思維方法作爲問題時，佛教之容受及影響，應該是特別值得重視的現象，由于分析檢討這種現象，我們可以相當的程度，明確理解中國人思維方法的特徵。

但在進入各個考察之前，對於中國佛教與印度佛教在性格上的不同，先要總括地說一下。中國人，把普遍性宗教的佛教，自覺其爲普徧的而加以容受。在此限度內，可說中國佛教是印度佛教的連續。然而隨時代之演變，儘管中國人沒有自覺到這一點，但在無意之中，佛教變了樣子，成立了中國獨特的，受中國思維方法限定的佛教。

使其發生這種改變的最有力原因，是中國佛教經典完全翻譯成爲本國的語言。

試觀南亞細亞諸國之佛教，錫蘭、緬甸、暹羅、柬埔寨等，都是保存着巴利語的三藏，將巴利語作爲教團用語。巴利語之起源雖在學者間有意見上的不同，但無疑的，這是在印度所成立的語言。因之，南亞細亞所用的是在印度成立的原始佛教聖典。雖部分地翻譯爲各國的語言，但土語經典，僅爲教導一般民衆之用，不大受到重視。僧侶們是讀巴利語的聖典，用巴利語去理解的。另一方面，西藏人將佛教聖典翻譯爲西藏語，成立了龐大的西藏《大藏經》。但這是梵語經典的極忠實的直譯，忠實到讀譯文卽能想定原文的程度。

然而漢譯三藏，是傾注全力去翻譯從印度或中亞細亞帶來的梵語或胡語的經典❷。一譯爲本國語言後，卽捨棄原文於不顧。這大概有種種的原因；但最主要的理由，是因佛教傳來以前，中國已發達有高度的文化，並成爲一般中國人之間的傳統的旣成勢力，所以把新來佛教攝取，包容，同化於中國文化的傳統之中。（若謂係因與印度語之完全不同，則亞洲其他民族，也與印度語言全然有別。）漢譯佛典，是很不拘形式的意譯。鳩摩羅什的翻譯，古來稱爲名譯。但這是從中國的審美觀來看，以優美之文所敍述的；與其說是翻譯，無寧說是創作，更爲適當。並且對於同一原語之譯文，常因譯者而各異。卽在同一翻譯者，對同一原語的譯語，亦隨經論之不同而不同。甚者，在同一書中，也有不斷變更其譯語的。這與西藏《大藏經》，原語同，譯語卽同，有顯著的差別。所以漢譯經典的全部，是譯經者個人的藝術的創造力。而且在翻譯經典的文章中，並將翻譯者自己的解釋，當做是經典自身的文章一樣，也挿入于經文之中❸。這是西藏大藏經所完全沒有的現象。

經由這樣的努力，多數的經典均被翻譯了出來。漢文《大藏經》，較之其他任何語言所記的《大藏經》，內容更爲豐富。而且中國的僧侶信徒，將這些譯文之一字一句，視爲絕對的東西而加以崇仰研究。也有極少數的中國僧侶參照梵文，但這完全是例外；對於思想之形成，沒有多大的影響❹。

二、對於經典內容之誤解

由於僅單就譯文崇仰研究的緣故，對於經典之內容，當然難以避免誤解。以漢字音譯梵文的方法，因譯者而不同。於是因音譯方法之不同，常有把同一原語而完全當做別的東西解釋。還有，以漢字音譯梵語原語時，用的漢字，不過僅有表音的意義。但中國人却以此爲表意文字，而使其寓有深遠底美的哲學的意味。此種傾向，對於中國佛教，絕非偶然之事。梵語與漢語的語言構造之不同，對于新的中國佛教之形成，有極深的影響。並且將單純的表音文字誤解爲表意文字，而陳述中國人獨特的解釋。

作爲就中的一例，我們可以舉天臺的「四悉檀」的解釋。龍樹著的《大智度論》（第一卷）云：

「有四種悉檀，一者世界悉檀，二者各各為人悉檀，三者對治悉檀，四者第一義悉檀。四悉檀中，總攝一切十二部經八萬四千法藏，皆是實相無相違背。」

這裡所說的四悉檀，是分佛法爲四類。悉檀是梵語 Siddhanta 之音譯，是說立教的方法，宗義，定說之意。故謂佛以四方法使衆生成就佛道。然南嶽慧思禪師，解「悉」爲完全，普徧的意味；而以「檀」爲梵語的 Dāna 的音譯，解爲「施」的意味；而以佛以此四法遍施衆生，故謂之悉檀❺。天臺大師，也依慧思的解釋，而且這成爲天臺宗極重要的教義。

就連有關文字方面，都有這樣的誤解。故中國人不能充分理解完全隔絕的另一世界的印度文化，這是當然的。中國佛教的大家們，對於印度文物，也缺乏明確的觀念，故動輒附會着中國文物去理解。

例如章安尊者灌頂❻，有如下之說明：「如瑞應（經）云，太子乘羊車詣師學書，師教二字，謂梵・佉僂。此二字應詮世間禮，樂，醫方，技藝，治政之法。故是世間二字也。」這裡所引文句中的梵是 Brāhmi 文字音譯的減省，佉僂是 Kharosthi 文字音譯的減省，都是古代印度文字樣式之名。然章安尊者却不知道這是文字的樣式，而認爲是中國禮樂的學問。而謝靈運則以「梵・佉僂」是人名之略稱者。

三、中國佛教諸派之形成

一面有這些偏差，一面，中國的佛教諸宗派，慢慢的形成了。這些宗派中，以從印度傳來的譯經爲直接基準，並以此爲唯一的依據的宗派（應稱爲學派），在中國沒有充分生根。在中國很繁榮，而成爲中國人精神的血肉者，是中國人自己開創的宗派。具體地說，毗曇宗、俱舍宗、成實宗、三論宗、四論宗、地論宗、攝論宗、法相宗，都是以一個或數個「論」爲依據；而這些「論」都是印度論師所著的教義綱要書，在以此爲準據的範圍內，不過是印度佛教的學問的延續。因之，這是印度的。所以這些只是學僧們的學派，與一般民衆幾全無關係。涅槃宗、眞言宗等，雖以經典爲歸依，但不曾以適合於中國人的途徑形成教義，所以沒有多大勢力。然而，律宗、淨土宗、禪宗、天臺宗、華嚴宗，都是中國和尚適合於中國人的思維方法與生活以立教義而且使之普及的，於是中國佛教遂因以成立。而且對中國的思想界有很大的影響。宋學、陽明學，屢經指摘是受了佛教的影響；但這不是受了印度佛教諸派的影響，而是受了中國佛教諸派的影響。

而且在中國的佛教諸派中，最後支配佛教界全體的是禪宗。禪宗在初期並無專作禪宗用的特別寺院。爲方便起見，是寄託在一般寺院之中，而且好像是分院。到了百丈懷海（七二〇—八一四）的時候，才創始了不由律制的禪院，按照獨自的規定（清規）修行。自唐末經過五代，禪宗分爲五家。痛快的臨濟宗，謹嚴的潙仰宗，細密的曹洞宗，奇古的雲門宗，詳細的法眼宗，各自發揚獨自的宗風。到宋朝，全國鼎盛，有禪宗代表了佛教之觀。元代以後，喇嘛教傳入中國，二分天下，幾乎占有二分之一的勢力。但以後禪宗漸回復其勢力，今日幾可以說中國的佛教歸一於禪宗。而且所謂禪宗者，是與淨土念佛之行相融合的禪。此種禪宗，是完全適合於中國人的思維方法與生活的佛教。佛教到了禪宗而完成了新的發展與形貌。思想形態也顯著的變化了。

中國禪宗的僧侶，縱使是德行很高的人，也常缺乏充分的佛教教學的知識。例如大珠慧海這樣有名的人，對於五陰二十五有這類佛教術語也誤解了。因此教家（以經論爲準據的佛教家）時或批評禪家爲無學者。出現了這樣的思想變化，而且擴大遍及於全中國，所以檢討禪宗變貌之跡象，是了解中國人的思維方法之最佳線索。

第二節　具象的知覺之重視

一、文字之具象性

我們以檢討漢語中的判斷及推理的表現方法爲線索，而指出了中國人的思維方法，與其說是普遍者毋寧說是有更重視個別者或特殊者的傾向。較之抽象的東西，更愛具象的（Bild-lich）理解之方法。還有，從判斷及推理的表現方法上，指出中國人與其說是傾向於動的把握現象界的諸相，毋寧說是更傾向於靜的把握現象界的諸相。此等諸特徵互相纏繞而構成了漢語的種種特徵。

格拉勒（Grenet）有關漢語語彙的研究，Levy-Bruhl研究美國土人的語言原則，其結果頗相一致[7]。而且這對於格拉勒之研究非常有幫助，這是他自己所承認的。然而漢語與美國土人的語言之間，有重大的區別。格拉勒氏說：「原始的各種語言，以動詞的形態很豐富爲其特徵；但漢語在這一點上，很奇妙的是非常貧弱；用幾乎完全無變化的單音節語，並看不出整齊分化出來的詞類的區別。然而在其他各種語言中，由形之多種多樣性所表示的具

體的表現的意味，在漢語中，正如表示此種的語言特別豐富可資爲證，遂以無比之力，能傳達事物的特殊的樣相。」❽

因此，漢語多表示物體形狀之語，而少表示變化推移的動詞，這是一個特徵。但這是漢語唯有的特徵呢？抑是原始語一般共通的特徵呢？仍有檢討之餘地。據 Stenzel ❾的說明，——試考察文章形式成立之過程，原來主語大抵是指示物的字（Dingwort）。蓋因統一體之單語，都重現作爲統一體之「物」的緣故。這是「物」的觀念擴充到對象一般的時候，則表示推移的現象之稱呼，將被視爲實體的東西。在德語中亦可見（例如 Ritt, Lauf），但在希臘語中特爲顯著。一般地說，任何語言，其動詞，形容詞，副詞等，原來都是表示「物」的名詞。但轉化而成爲其他的品詞；又失掉獨立的意義而成爲添接詞。此種推移的過程，在孤立語，特別是在中國語最爲顯著。——總之，中國人的思維，是對於具象的具體的物，則是不容置疑的事實。

中國人的思維朝向於具體的事實，在文字構成的方法上，也可以看出。中國文字，原來是象形文字。以後也成了多數的表音文字；但這是在象形文字成立之後。一切漢字之構成，雖根據象形、指事、會意、形聲、轉注、假借；但象形文字乃其基本。字母（Alphabet）這種文字，中國人全然沒有想到。中國人因慣於使用表示意味的文字，故全然不想拋棄表意主義。將外國之發音，音譯爲中國字時，音譯的方法各有不同，並不以一個特定的文字表記一個特定的發音。而且同一學者，對於同一之音，常用不同的表記方法。所以不採取梵語中有多少音就備好多少表音文字，以作爲一切音譯之用的分析的，同時又是構成的方法。

音譯外國以二音或三音所成的單語時，亦各語都用不同的文字，想訴之視覺去了解它。例如常譯 Bhikkhu 爲比丘而不寫作毘鳩。譯 Bodhisattva 爲菩薩，譯 Nirvāna 爲涅槃，譯 Jambudvipa 爲閻浮提。每一原語而各譯以一定的文字。

二、概念之具象的表現

格拉勒作了《詩經》語彙的研究後，述其結果如下：——中國人所抱持的概念（Concept），顯著的有具體的性格。幾乎一切的單語，都是表示個別的觀念，表示在特殊而可能的一個局面之下所知覺的存在樣式。這個語彙，不是滿足分類，抽象，概括的觀念之必要，不是滿足明白判白，對於論理構成所須的資料而活動的觀念之必要；相反的，完全是滿足特殊化，個別化，繪畫的東西的支配性要求的必要。中國人的精神，本質的，是由綜合的作用，由具體之直觀而活動的；不是由分類而活動，不是一面分類，一面活動；而是一面敍述，一面活動的。例如《詩經》使用了三千以上的字，各字對比於所傳達的觀念之數的少，字數實在是太多了。這些字，是對應於綜合的表象，複合的特殊觀念像的。在法語，爲表示附加一個或一個以上的形容詞語於一個 Montagne（山）字之上而加以表現的這類觀念，在《詩經》中便有十八字（一般中國語中，另外還有二十以上的字）。同樣的，《詩經》中表示馬的字有二十三個。但是相反的，在這許多字中，相當於西洋語言爲表示一般的抽象的觀念所用的字，一個也沒有。漢語的單語，因其爲綜合的，特殊的性格的緣故，較之西洋語言中的普通名詞更接近固有名詞（試參照含有河川意味的河、江等字的各個單語的便可明白）。——㊆《詩經》等五經的文字，至現代爲止，還是以同樣的規模使用着的，所以這種性格，至現代還存續着。

像這樣，中國人表現概念的方法是具象的，所以不愛抽象的表現概念。總是想具體加以例示。例如碑文、刻文，西洋人抽象的稱爲「雕刻的東西」（Inscription, Inschrift, epigraphy），印度人也用同樣的表現（Lekha）。但中國人則用「金石文」這種直觀的表現。還有在「千里馬」、「千里眼」、「萬里長城」這類的表現法之中，不採用「非常長」或「非常遠」的這種內含於其概念本質之中的屬性底規定去加以表現，却以具象的數表示之。這裡所擧的數，對於那些概念，僅有例示的或象徵的意味。所以不將抽象概念作爲抽象概念以表示之。

對於作爲最抽象的觀念，在中國哲學史上極爲重要的「理」的觀念而言，也是同樣的。「『理』字是從玉旁的字，本來是玉的紋理整然之意。但一轉而變爲條理之義，再而爲心之所同然，卽是什麼人一想便會判斷應該如此之義；三轉而成爲使事實所以能成事實的理由之義。」[11]宋程明道強調理字或天理，此是相當於這裡所說的第三義。這裡所說的理，已不是成爲現象根源的本體的存在，而是使現象所以成爲現象的道理，卽就現象而存在的。但是，抽象的觀念，僅由中國民族傳統思維能力恐怕無法達到。「以這種意味使用理字，是佛教學者所提倡，尤其是華嚴宗的學者，常將理與事互相對照作敎理之說明。明道天理之說，恐怕也是由佛教家所啓示的。」[12]

借具象的字句，以表現哲學的抽象概念的傾向，在禪宗最爲顯著。諸如稱宇宙爲「山河大地」，稱吾人根源的主體爲「曹源一滴水」，稱眞實之姿爲「本來面目」、「本地風光」。從古代印度語直譯來的「本覺」或「眞如」等成語，似乎難盡合於中國人的思維方法。於是便用「滴水」、「面目」、「風光」這類具象的具體的表現。並且，這些都成爲後世定型的表現。此外，禪宗爲了將具象的觀念內容刻上一種印象，而使用刺激的語句。不用「身體」這種平和的說法，而稱爲「臭皮袋」。不用「本質」（Essence）這類的話，而稱之爲「眼目」、「眼睛」、「中心」或「皮肉骨髓」。稱教團雖用印度人「集合」這種抽象意味的 Sangha 或 Gana，但禪宗則稱爲「叢林」，將許多修行者和合住在一起，譬之樹木叢集成林[13]。又禪宗稱流動修行之僧爲「雲水」。像雲或水樣，不住一處。印度人對此用「普行者」、「遍行者」之意的 Parivrajaka 的抽象的表現。但中國人則用「雲水」這樣具象的表現。這不僅限於禪宗，可說是中國民族一般的通性。

三、倚賴知覺表象的說明

和上面指摘的中國人的思維方法的特徵所認定的一樣，最重要的中國人的精神特性之一，是向感覺的信賴。對於超感覺的存在，反不像這樣的信賴。就文藝方面看，例如中國的小說，也是想模做接觸於感覺的世界。常常認眞地拉住感覺的世界。當然，在中國小說中也有《西遊記》這樣的東西，具有不似日常感覺的趣味性，但這種傾向並未發展[14]。

教化人，說服人時，還是靠感覺的表象。例如六朝時代的貴族顏之推作教子用的顏氏家訓，有這樣的一段：——也有人疑佛敎所說的神通感應的作用。然疑此者是錯誤的。世界中有各種存在及作用，不僅是我們手邊所能感覺的。今雖不能感覺，然或有某一天能觸爲感覺感觸者，遠遠的存在。例如我自己在南中國過了前半生。聽說北中國有可住千人的氈帳。我自己並不信。及到晚年仕於北朝，知道這是眞的。又，自己原是南方人，據自己的經驗，知道確有能載二萬石的大船。但若說給北方人聽，絕不相信。神通感應的事，正與此同。所以，「不可信凡人之臆說，疑大聖之妙音」。——[15]據此議論，可以斷言僅基於我們不能知覺的理由而否認神通感應之存在，是錯誤的。但不能積極的論證神通感應之存在。然而中國人大體僅以這樣的說明爲滿足，而拋棄形而上學的思辨。顏之推接着說「凡人所信，惟耳與目。耳目之外，咸所致疑」。這正是典型的表示中國人思維方法之特徵。重視感覺尤其是重視視覺的中國人，特別是想訴之於視覺的表象，作瞬時地直觀的理解。由象形文字，同時也使用爲表示抽象概念的文字，可以看出此一傾向。即在哲學教說的說明之本身，也表現出來中國的哲學思想，一般有好用圖示的傾向。易學中諸事象之說明，不待說，顯著是直觀的視覺的。

又，中國人常有以圓來表現完整的東西之傾向。例如說，聖人之心是圓的[16]。漢譯佛教經典時，原語本是「完整底」「無缺的」這種抽象意味，中國人皆譯之爲「圓滿」。「一切具備」（Sampad）也譯爲「圓滿」。一切諸法，即一切事物的眞實本性，玄奘三藏及屬於其系統的學者譯爲「圓的實性」，圓字全屬附加的。天臺或華嚴的哲學，以事物之完全相即爲「圓融」。及至中國判教成立時，遂稱佛教中最完全的教說爲「圓教」。以圓形爲完整性之表徵，乃中國之獨自的思維形式。印度人不以圓形（Vrtta）爲有特別之意義。固然佛陀也以輪（Cakra）爲教說之象徵，而毘紐笯（Visnu）神手上也是拿着輪，但輪有流動性，進行性，兼表象了兩者的意義，而「圓」則是靜止的。而且印度人是以絕對完全者爲無限的東西，認爲不能以形來表現的。這正與中國相反。另一方面，希臘人以唯一最高的實在爲「球體」。Eleatics學派所想定的唯一實在的「有」，也是表象爲「球體」。將絕對原理表象爲球體之東西的思維方式，其後亦貫穿於希臘的哲學；或因爲希臘人與中國人在重視個別者的這一點上是相同的，所以在表象絕對完全的方法上也有這種類似。然中國之圓是平面的，而希臘的球則是立體的。同是直觀的表象，而希臘人則在自然秩序之中去把持，中國人則加以忽視。在古代中國，作爲物體的球好像並不存在；而作爲幾何學圖形的球形觀念，似乎沒有充分的自覺。印度的Vaisesika哲學以原子之形狀爲球形（Parimandala），中國人譯爲「圓體」。球形與圓形，似乎沒有充分自覺其有區別。

中國民族，成立了像天臺，華嚴這樣的基於抽象思索的壯大哲學體系。但當教示的時候，依然要靠直觀的具體的譬喩。華嚴宗之集大成者的賢首大師法藏，作鏡燈以使人悟法界無盡之理。卽是，他作十面鏡子，八方上下，各置一鏡，使鏡面互對，各鏡間相隔丈餘，中央置一佛像，燃一炬照之，以爲互相映發之譬喩⑰。他由此而使人直觀的理解一切事物，不是孤立存在，而是受其他一切東西的限定及影響而成立的這一重重的無盡關係。還有他爲武后講華嚴教理，武后茫然不解，因此，他指殿中的金獅子像，喩金爲法界之體，獅子爲法界之用，以使武后理解華嚴的教理。

四、圖示的說明

容受佛教，表現出中國佛教的獨自性格的時候，也出現了以圖形說明教理的傾向。是華嚴宗的學者，而且對禪有甚深造詣的圭峰宗密（七八〇—八四一），以〇表現眞心清淨的一方面，以●表現妄心汚濁的一方面，去說明兩者的關係。

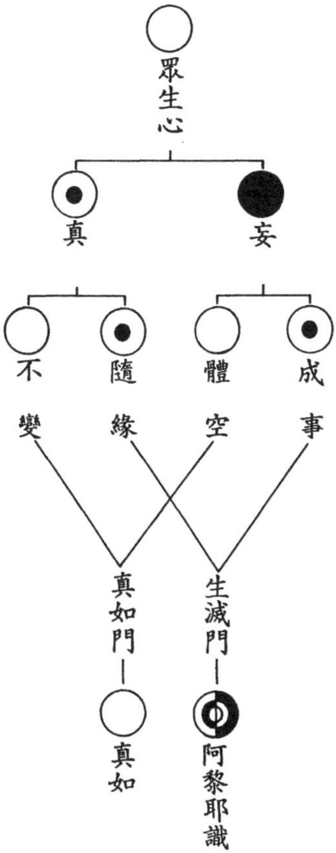

作爲吾人之存在根柢所想定的根源精神（阿黎耶識），是眞與妄的和合體，所以用的這樣複雜的圓形表示之。並且分十個階段，以說明我們迷妄之所以成立；又把由悟去迷，復歸眞如的次第，一樣的分爲十相以說明之。

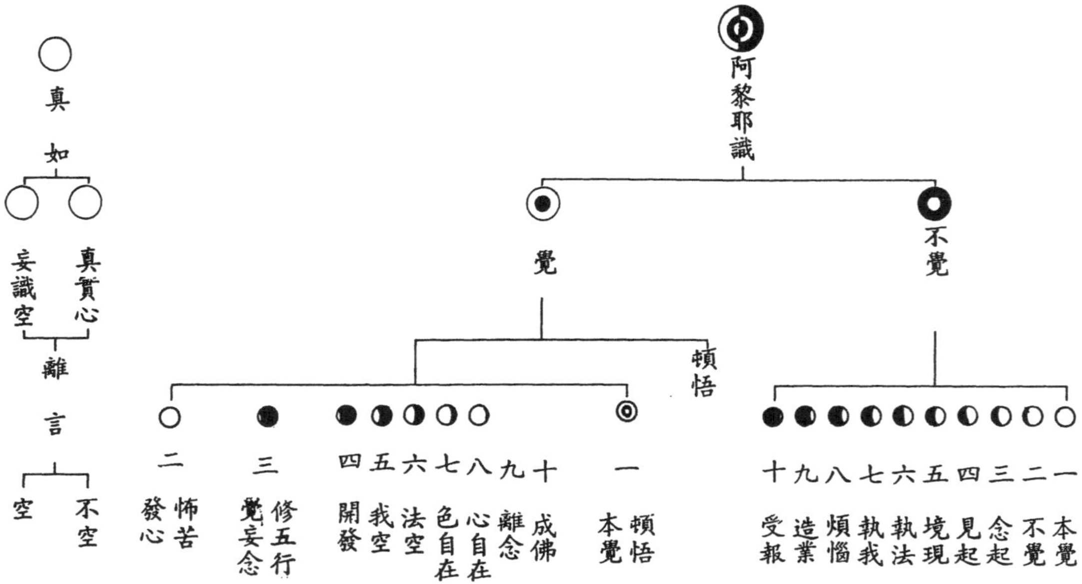
真如
真實心
妄識空
離言
不空
空
阿黎耶識
覺
不覺
頓悟
一 本覺
二 不覺
三 念起
四 見起
五 境現
六 執法
七 執我
八 煩惱
九 造業
十 受報
一 頓悟本覺
二 怖苦發心
三 修五行覺妄念
四 開發
五 我空
六 法空
七 色自在
八 心自在
九 離念
十 成佛

右圖所示各項，皆有詳細說明，此處從略⑱。

惜視覺表象的藝術之綜合化，也是中國文化特徵之一。例如書讚於掛軸的習慣，爲希臘印度所無。佛教入中國後，像＜佛國禪師文殊指南圖讚＞這樣畫與讚合在一起，多數連續着的藝術作品，開始成立了。

與此同樣的傾向，也表現在禪宗中。禪宗中曹洞宗之祖的洞山良价（八〇七—八六九），將學人接得的手段分成五個階段，乃說「一正中偏，二偏中正，三正中來，四偏中至，五兼中到」的五位；此卽所謂「洞山五位」。其中，所謂正者是二儀中的陰，是靜，禮，空，理，平等，絕對，本覺，眞如等之意；偏是陽，是動，用，色，事，差別，相對，不覺，生滅之意。而且由偏正之回互而生出正中偏等五位之別。以說明法之德用自在。此五位的建立，基本在某種意義上，有抽象的思辨。然而中國人不愛抽象地去說明。洞山之弟子曹山本寂，更以圖表示五位，以韻文詩表現其道理，且託詞君臣之義以說明之⑲。

這種以圖示的說明的傾向，自然與易學相結合。良价的＜寶鏡三昧歌＞，將五位配合於周易的爻卦，而謂：「重離六爻，偏正回互；疊而爲三，變盡成五。如荎草味，如金剛杵。」⑳宋之寂音慧洪，更由易說明五位而揭圖如左：

正中來	大過
偏中至	中孚
正中偏	巽
偏中正	兌
兼中到	重離

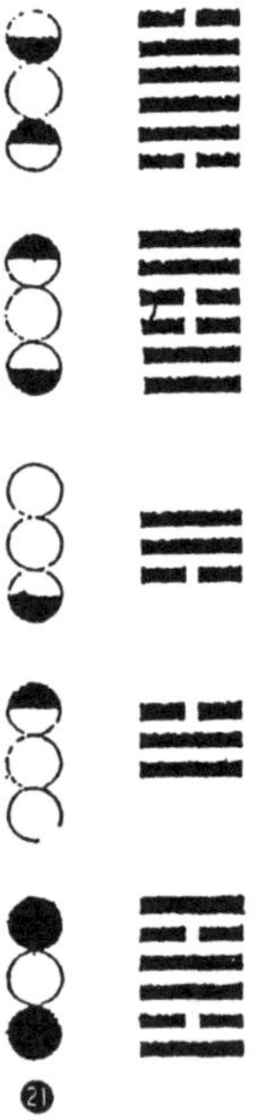
[21]

圭峰宗密和洞山良价的圖說的說明，更影響於宋學，而使周敦頤（一〇一七—一〇七三）成立了《太極圖說》。這是以所謂的〈太極圖〉來表現宇宙生成之理而加以說明的。

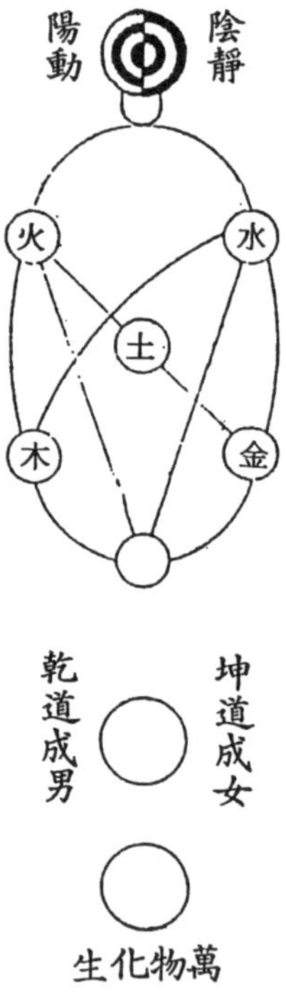

這裡所揭的第二圖，分明是採自佛學者們那裡的。當解釋宇宙生成之理時，竟摒棄印度的抽象的思辨，而採用陰陽或男女等這種具象的經驗的原理[22]。

宋學的《太極圖說》，反過來，又及影響於佛教。上述的五位說，在太極圖的影響之下，表現了新的發展。即是，元賢採用《太極圖說》的發出論（開展論）的說明，而作如左的五位總圖（黑表示正，白表示偏）㉝。

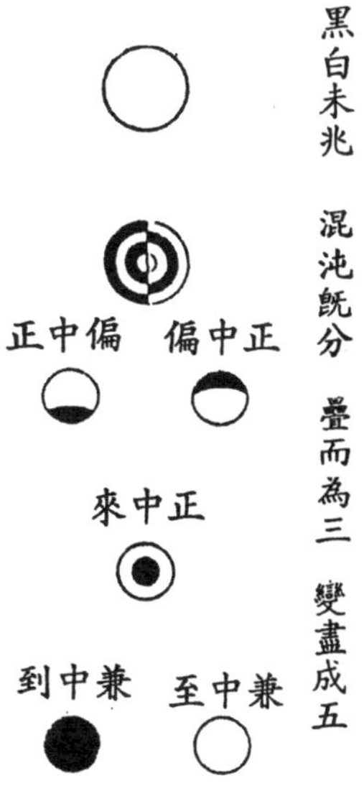

行策的《寶鏡三昧本義》，曾對右邊的關係，作了詳細之圖說（《卍續藏經》第二編第一六套第二冊所收）。禪宗傳有〈眞性偈〉。如下所示這是以圓形排列二十字而成者：

這是達磨大師，「憐中下之機，強留二十年」，其所以作此，據說，乃因「老婆心切」。「翻復讀之，成四十韵。各有旨趣。…冀後代兒孫，因指見月。若個漢向『性』字未現之前領得，則文采自彰，不由他得。」即是說以此處所排列的二十字為入門以觀眞理。此二十字皆所以表示抽象概念的。但對於各概念間相互的論理的關連，一點也不加以考慮。僅僅叫人把絕對者作為這樣的東西去加以觀察。

這樣以圖說明形而上學說的事實，乃希臘印度所沒有的傾向。希臘人或印度人，常以文章敍述相當煩瑣的哲學的議論。在亞里士多德或印度論理學書中，也沒有圖解的說明。因之，由圖形以視覺的直觀去了解形而上學說，可說是中國民族傳統底思維方法之一。

不僅形而上學方面是如此。宗教生活諸方面也有這種傾向。甚至述師徒傳法的師資相承，印度人也用枯燥無味的同型式的散文；但圭峰宗密，則以圖示之㉔。

第三節　抽象思維之未發達

一、缺少對普遍之自覺

因為中國人重視基於知覺（特別是視覺的表象）的表象，僅注意個別的事例，所以不想去把握包括個別的或特殊的事例的普遍者。因此，不作把多數的特殊者包括於一個普遍者之下的思維活動。從言語的表現看，如前所指摘，表示山的單語很多，但缺少包攝一切山的「山」的觀念。還有，漢語為表示一個作用或事物，常使用多數的單語。

例如相當於德語的 Tragen ，有擔、持、任、運、搬、保、帶、着等。這樣多種多樣的用法的痕跡，在希臘語中也存在（c.f. φέρω φορέω ）。在英語中，關於行李者稱 To carry，關於衣服者爲 To wear ，關於一般者爲 To bear。但這些語言，較之漢語，及於更大地一般性、抽象性。

再舉其他的例子看吧。漢語中相當於英語的"Old"的抽象概念的字，原則上並不存在。六十曰耆，七十曰老，八十九十曰耄，都不是相當於抽象概念的「上了年紀」的字。還有「死」，英語在任何場合，名詞爲"Death"動詞爲 Die。但在漢語則天子曰崩，諸侯曰薨，大夫曰卒，士曰不祿，庶人曰死。隨死者之階級身分而用語各異。

因之，在漢語，包括多數者於一個普遍者之下的抽象的思維，可以說是不曾發達。

當然，在中國哲學者之間，對普遍與特殊之關係，不能說毫無自覺。如荀子，對此種關係便有明確的觀念㉕。他將名區別爲「共名」與「別名」。例如人對於動物爲「別名」，動物對人爲「共名」。別名之極，爲個個之名；共名之極爲物，稱之爲「大共名」。還有，若是物同狀而異處，雖與以共名而實則別。例如，同樣是犬，甲犬與乙犬是別。反之，同處所經驗的東西，狀異而物則同。此時，狀之所以異是由於「化」。例如蠶與蛾。然而關於普遍與特殊的論理思想，中國僅止於此，其後未得到發展。荀子確是自覺到普遍與特殊的區別，但他沒有達到亞里士多德般的「定義」的自覺。荀子之所以沒有定義的自覺，正與漢語沒有現出「類」與「種差」之自覺是相對應的。當然，在漢語中，也作了嚴密表現概念的努力。漢語原是單音節語。但到了西曆紀元後數世紀時，因音韻單純化的結果，發生了語之同一化或不明確化，成爲僅訴之於耳尚不能理解的現象。於是在口述語言上有必要採取手段，使語言更明瞭實用。應此需要而使用了新的手段。這便是，以多數使用複合詞（Compound）。代替單純名詞。此一手段，對使漢語之明瞭化作了很大的貢獻㉖。然而，以複合詞使意味明確的方法，不過是透過構成複合詞的兩個字的各別意義，所表示的外延（Ausdchnung）相關連的範圍，而使其更明瞭化；由種差以限定類而使表現之意味更能明確的希臘人之思維方法，終究，對中國人是生疏的。

因爲是這種情形，所以從一般地傾向說，中國人表象的個物觀念，是不具普遍應證的。因之不曾給個物之間以秩序。

二、語言表現與思維之非論理的性格

這種思維方法的特徵，也反映於語言形式。非論理的性格，是漢語最顯著的特徵之一。爲結合句與句使其成爲完全的文章所使用的相當於前置詞，接續詞，關係代名詞等這類字，較之西洋語言，是非常地少。原來，漢語的名詞及形容詞，無單數，複數，或男性女性之別。「人」這個字，可以包含法語 un homme, des hommes, quelques hommes, humanite 中的任何一語的意味。對於動詞的時、相，也無正確的規定。也沒有格的表示。語的順序雖係格的代用。但已如第一章所指摘，並未嚴格地遵守。詩則尤不講求語的順序。此外並有梵文經典的直譯存在、這些經典雖打破漢語的語序，意義却通。在漢語不是格和語之順序來決定文章之意義，而是靠構成文章之各個單語所表示的概念的關係來決定的。

既是如此，則各單語所表示的概念，是不是明確呢？却絕非如此。一個字（語）或成爲名詞，或用作形容詞，或用作動詞，並不一定。正因如此，所以後來便有複合詞的必要。漢語的多義性，因之，它的曖昧性，是顯著的特徵。所以中國古代經典的字句，可以有相反的解釋㉗。

因爲漢語的這種曖昧性，卽是，因爲其缺少精密性，所以中國人本身，不能照原義正確地去理解漢譯佛典。漢語的指示代名詞中，沒有數、性、格的區別，於是漢譯文與原文的意味，產生顯著的異解，而且這種異解在中日佛敎敎理史上有重大的意義。

例如，印度龍樹所著的《中論》就中論「中道」的詩句，是很有名的。若將其原文直譯，應爲：

「緣起的東西，我們說之為空。
這是假名，這卽是中道。」

這裡，緣起、空、假名、中道四個概念是同一意趣。此四語是同義語。鳩摩羅什譯此偈爲：

「衆因緣生法，我說卽是無。亦為是假名，亦是中道義。」

以後，稍變更字句爲：

「因緣所生法，我說卽是空。亦爲是假名，亦是中道義。」

天臺宗、三論宗㉘皆採用後者之文，而後文對於原文是忠實的。但此偈由北齊慧文禪師所重視，而且解釋爲很不相同的意趣。

「二祖北齊尊者慧文。……師又因讀中論，至四諦品云，『因緣所生法，我說卽是空，亦為是假名，亦名中道義』。恍然大悟，頓了諸法，無非因緣所生。而此因緣有不定有，空不定空，空有不二，名為中道』。」㉙

而天臺宗將此偈解釋爲是說空、假、中三諦（三個眞理）者，稱之爲三諦偈。卽是：諸法（諸事物）由因緣生，其自身無自性（自體），所以是空（空諦）。此事確爲眞理；然而我們不可思考這個特殊的原理。空也是假名（假立之名）。不可將空視爲實體（假諦）。所以空必須再加以否定。「空亦復空」，將空再度空掉的境地，「中道」便顯露出來了。空掉因緣所生之諸法，故爲非有；將此非有（＝空）亦空掉，所以是非空，於是成立了非有非空之中道中諦。卽是，中道含有二重之否定的意義。因此而解釋爲因緣生（＝有）→空→假名（＝非空）→中道這種否定的進行說法。亦卽在此認定一種辯證法㉚。以後，中日佛教界，傳統的皆依據此解釋。因之，與龍樹的原意有了出入。這是因爲漢語的指示代名詞中，沒有性、格，把「是」所指者爲何語弄錯，故而成立的另一種解釋。

還有，已經指摘過，漢語沒有複數形。爲表示複數，則加數字於名詞（例如「五人」、「千册」）；若加數字尚不能明確限定時，則或用疊字法（例如「人人」），或附「諸」字（例如「諸人」）。有時也附加「等」字作後接字；但這也含有 Et cetera 的意味。例如，「牛等」有「諸牛」的意味；也可成爲「牛和馬和羊等」的意味。中國人沒有充分自覺到複數形與 Et cetera 之區別。及知道梵語後，始知兩者有不同的意味，中國佛教學者們稱「牛等」之「等」爲「向內等」；稱「牛和馬和羊等」之「等」爲「向外等」。但這僅爲佛教學者間之區別，對於中國一般民衆的思維方法，未能賦以論理的嚴密性。

另又一表示漢語非論理的性格者，是卽漢語在同一文章中常作主語轉換（Anacoluthien）。梵語中像 Brāhmaṇa 這種極古的文獻，也常有主語轉換㉛。但因中國文章的主語常常省略掉，所以主語之轉換特爲容易。漢譯經典中，常忽視原文而作此轉換。這在很適合於中國人的表現性與思維方法的鳩摩羅什的名譯中，特爲顯著。

「①若有無量百千萬億衆生，受諸苦惱，聞是觀世音菩薩，一心稱名，②觀世音菩薩，卽時觀其音聲，③皆得解脫。」（《觀音經》）

此文章之①與③部分，衆生是主語。②的部分，觀世音菩薩成爲主語㉜。

像這樣，中國的言語表現，是極非論理的；由於語與語，或句與句的連續，無明確的定則，所以中國人不很善於作抽象的思維。老莊之學，多少有形而上學的思索痕跡；但在長年規範中國統治階層之思想的儒學中則未見有此傾向。《論語》有時記錄作爲範例的個人行動；有時或以箴言的形式記述的孔子或門弟子之言。然而並看不到像柏拉圖那樣的，作爲問答技術的辯證法（Dia,ektikê）。易學在後世常與形而上學說明結合。然《易經》之本身，多係關於人事的象徵的具象的說明，其自身並無何等的形而上學的指向。黑格爾批評《易經》的思想說：「具體的東西，不作思辨性概念性的把握，而從日常的（Gewohnlich）觀念去了解，即是說是作直觀的或知覺的的敍述。因之，在收集此具體的諸原理之中，看不出普遍的自然力或精神力的思辨的把握。」[33]這個批評我想很適當的。雖至宋學始展開形而上學，然其立教之方法，誠如既述依然是具象的直觀的。

從前，中國人之間，缺少對話精神，這是特別值得注意的。中國沒有充分發達像希臘那樣的作爲問答之術的辯證法。西洋的漢學者們[34]都主張墨子所規定的[35]論辯規定之中，應承認有辯證法。但那些規定，曾具體底如何加以適用，今日我們不很了然。

在印度，在國王們主辦的公開大會上，讓主張者與反對者互相交換議論的習慣，幾乎各時代皆有。中國則無此習慣。僅隋代，及其前後極短期內曾經舉行過這類討論會[36]。在裁判[37]方面也是同樣的。中國的審判，有時是高官的私室審判（Kabinettsjustiz），有時是文書審判（Aktenjustiz），從來沒有辯護，僅提出備忘錄與關係人的口述。所以中國社會一般缺乏對話（Dialog）或討論的精神。

印度論理學，是對論的論理學。在沒有公開討論的社會，這種論理學是無意義的，對於謬誤論，也不須要煩瑣地考察。印度論理學，沒有全面移入中國，如後所述，僅有畸形的接受，可謂是當然的。

三、缺乏對法則的理解

中國人因爲這種非論理的性格，所以很拙於建立客觀的法則。雖重視個別的東西，却忽視普遍，所以不容易看出形成多數個別事物間之秩序的法則。我想，這與其語言形式上的無法則狀態恰相對應。

關於語言使用規則之不關心，使中國人拋棄了文法學的嘗試。在希臘，特殊的國語研究出現以前，先產生了通達本國語言的語言學。在古代印度，對於印度民族的語言，也樹立完成了精緻的文法組織，並發達了語言哲學。但在中國的國語學，關于文字、音韻、語釋、語彙，皆有綿密地考察與廣泛地編集；但關於文法學或文章論（Syntax），幾乎沒有留下任何典籍。在與印度文化有交涉的時代，中國的學僧或往來於印度的朝拜者，雖知道印度的文法學，但終沒有受其影響以樹立中國語文法學。中國出現這種嘗試，乃是移入西洋文化的晚近之事。

同樣底，在中國，自然科學也未充分發達。中國人尊重先例，尊重事實，所以在某種程度上，是歸納的。但到某種程度，歸納停止了，相反的以《五經》的話爲絕對權威的演繹便開始。此點與印度人以聖典爲絕對的知識根據（Pramana）相同。正因如此，而中國的自然科學，僅停滯於萌芽狀態。宋學重視致知格物，但這不是對自然的認識，也不是個別的對象認識，好像僅僅是直觀萬有之本質。

當接受佛教時，也不喜歡將佛經語句之意義，確定爲一定的東西。中國佛教學者們，對於經典中的同一語句，常下種種解釋。到了禪宗而達到極點，遂成立「不立文字」的立場。不爲經典所拘束。「心迷《法華經》轉，心悟轉《法華經》。」[38]「不立文字」的原來意義，尙須研究，不能輕易下論斷。然按之中國禪宗的實情，這恐不是「不借文字」之意。很少宗派像禪宗這樣重視並依靠文字表現的。禪宗留下有龐大的典籍。但依然說「不立文字」，大概是不用普徧命題的形式立言，也不隨着普徧命題而行動之意。禪之思想之所以與人以難捉摸之感者，原因在此。

不立文字的結果，中國禪宗，動輒不承認經典有絕對的意義。經典被喻爲指月的指。又將經典喻爲捕魚兔之筌，嚴加警告拘於筌而消失掉了魚、兔[39]。爲使此一警告徹底，用極端的表現，放言經典爲「拭不淨故紙」[40]，或「拭瘡疣紙」。

中國人不愛定則性之一事，在容受佛教美術的形態上也可以看出來[41]。中國立有許多塔與幢，但其間不易建立類型，加以分類。造像也無一定之型。佛像隨造者的喜好及意向而定，且由命名之如何始知是什麼佛。至少，印度人的儀軌在唐時就已傳入了，因之，造像也教了一定的法則；然而中國人全然不理這一套。關于這一點，倒反而是日本人較忠於印度所傳來的法則。

四、對印度論理學之畸形的接受

由於定立法則的科學在中國始終未成立，故研究思考法則的論理學不曾發達，蓋當然之事。

當然，中國人也確有論理意識，這在墨子荀子中很明白地表現出來。然而中國人沒有將此加以反省作成「論理學」。演繹的論證，有的學者認爲已經爲墨子的學徒所自覺，並稱之爲「效」⑫。然而墨子的學徒，是否眞由此言而自覺到演繹的意味，是很大的疑問。後來隨着佛敎的傳來而由印度移入了因明。但並沒有對中國人的思維方法與以任何改革底影響，就此萎縮了。

印度論理學之移入中國，在古時翻譯的各論書中，存有論因明的東西。就中要以吉迦夜譯的《方便心論》爲最早。但此翻譯並不正確，當然不能與中國人以論理學的理解。接着，眞諦三藏（五四六來華—五六九沒）譯有世親的《如實論》和《反質論》及《墮負論》⑬。但這些沒有被研究。現在僅存有《如實論》，其他二書散佚。中國相當大規模的研究因明，是唐代玄奘三藏從印度歸來後，譯出了陳那（Dignāga）的《因明正理門論》和商羯羅主（Sankarasvāmin）的《因明入正理論》以後的事。特別是玄奘的高足慈恩大師窺基的《因明入正理論疏》，不但被尊因明學的最高權威，且爲中國及日本因明學的唯一最高基準。

因明由玄奘三藏傳入中國後，至少著有三十種書⑭。

神泰　《理門論書記》　（現存不完）

《入正理論述記》（散佚）
靖邁　《入正理論疏》（散佚）
窺基　《入正理論疏》（現存）
文軌　《理門論疏》（散佚）
　　　《入正理論疏》（現存不完）
玄範　《理門論疏》（散佚）
　　　《入正理論疏》（散佚）
玄應　《入正理論疏》（散佚）
圓測　《理門論疏》（散佚）
淨眼　《理門論疏》（散佚）
　　　《入正理論別義抄》（散佚）
定賓　《理門論疏》（散佚）
文備　《理門論疏》（散佚）
　　　《理門論註釋》（散佚）
　　　《理門論抄》（散佚）
　　　《入正理門抄》（散佚）
元曉　《入正理論疏記》（散佚）
　　　《判比量論》（散佚）

順憬　《入正理論抄》（散佚）
太賢　《入正理論抄》（散佚）
璧公　《入正理論疏》（散佚）
呂才　《註解義圖》（散佚）
慧治　《入正理論叢斷》（現存）
　　　《入正理論義纂要》（現存）
　　　《入正理論續疏》（現存不完）
　　　《入正理論略纂》（散佚）
智周　《入正理論疏前記》（現存）
　　　《入正理論後記》（現存）
　　　《入正理論疏抄略記》（現存）

通過此一因明容受的形態，我們可以看出種種的特徵。第一，有關因明的翻譯典籍，不過數種而已㊺。單看西藏《大藏經》之中，與因明有關係的譯書甚多，亦可知中國人求因明的精神的論理的要求極爲缺乏。第二，從印度論理學書之中，僅翻譯其最簡單的。試建立龐大體系所敍述的論理學書並未被翻譯。中國人一半是爲了好奇，一半是爲了解讀佛經的需要，而只譯出簡便的綱要書或教科書類的東西。第三，主要僅譯出說明形式論理學這一部分的書，反之，沒有翻譯論究知識之根據，知識之妥當性這類認識論的書。佛教的論理學，大成於法稱（Dharmakirti）。他把人類知識成立的根據，求之於感覺與思維（推理）；留意在具體的推論中，綜合判斷與分析判斷所具有的意義之不同，建構了精密的知識體系。在這一點上，他常被認爲頗與康德相類似。雖然西藏人大規模翻譯了法稱學派的典籍並加以研究。然而中國的佛教徒並不想加以容受及理解。法稱在世時或其以後經漢譯的經典，主要是限於古經典或戒律或與密教有關的東西。我們於此可以看出中國人與其把論理當作論理去追求，毋寧是僅想攝取對實際行動有所便捷裨益的東西的這種精神特性。

對於因明，不僅只攝取其學問全部中之一部；就其被容受的一部來說，也決非照印度人原來所理解及敍述那樣去加以理解。

第一，移入因明的玄奘三藏，好像沒有充分理解因明。

玄奘三藏，將自印歸朝之前，在當時支配印度大部分的戒日王所開的大會上，當全國的者們面前，作了「唯識眞實、存在、並無外界對象存在」的推論（「唯識無境比量」）的推論，然「大師立量，時人無敢對揚者」㊻。

宗　眞故　極成色，不離於眼識（從勝義的眞理的立場看，世人一般所承認的色或形，都不離於眼的認識作用）。

因　自許初三攝眼所不攝故（因爲色或形，皆包含在唯識派所承認的十八界中之最初三個——眼根（視覺機能）和色（色或形）及眼識（眼的認識作用）之中，並不包含在與佛眼相及的眼一般之中的緣故）。

喩　猶如眼識（此點與眼之認識作用是同樣的）。

在此論式中，附有「眞故」這一限制，所以其立言雖與世人一般之所信相反。但不是

「世間相違的過失」(不是與世人一般所承認者相矛盾的謬誤)。這是慈恩大師窺基的說明。然而此一立論，對於不承認離開感覺知識的勝義眞理的人們，並沒有說服的效力。即是，作爲以因明所說的他比量(Parārthānumanā)是無意義的。還有，因，即是理由命題，一定要是贊成與反對兩方所共同承認的東西(共許極成)。僅以自己所承認的命題作爲理由去加以指示，實沒有論證的意義。即是說，玄奘三藏沒有充分的理解到爲自己理解的推論(自比量)與爲說服他人之論證(他比量)的區別。此立論存有謬誤，已如新羅的順憬所指摘。

中國的因明學，由玄奘的弟子慈恩大師窺基而詳加論述。他的《因明入正理論疏》三卷(略稱《因明大疏》)，在中國及日本，被尊爲因明的最高權威。但在哲學上論理學上，犯有種種的錯誤。「《因明大疏》，自古來大受尊崇，然實際未能發揮其論理學的意義，而徒馳於煩瑣枝葉，成爲後世因明不發達的根源。」[47]

已如前所指摘，慈恩大師沒有充分理解媒概念必須周延於大概念之內(同品定有性)的這一規則。此外尚有種種謬誤。例如，新因明的論式之所以被稱爲「三支作法」者、是因爲由宗、因、喩三命題所構成的緣故。此在《因明入正理論》的原文中說得很清楚，中國也有學者理解到[48]。然而慈恩大師誤解爲因之一命題與喩之二命題(同喩及異喩)爲三支。這在中國及日本的傳統的定說[49]。

又，在漢譯佛點中，譯實在根據爲「生因」，譯認識根據爲「了因」。在客觀自然界中，有甲這種東西原因而使乙生起存在，則甲爲乙之「生因」。反之，以甲爲線索而得推知乙之存在的，則甲爲乙之「了因」。然慈恩大師，未能正確理解此一概念之意義。他把「生因」

與「了因」各作平行的三種分類。

「生因有三。一言生因。二智生因。三義生因。言生因者，謂立論者立因等言，能生敵論決定解故，名曰生因。……智生因者，謂立論者發言之智。正生他解，實在多言。智能起言，言生因因。故名生因。……義生因者，義有二種。一道理名義，二境界名義。道理義者，謂立論者所詮義。生因詮故，名為生因。境界義者，為境能生敵證者智，亦名生因。……智了因者，謂證敵者能解能立言，了宗之智。照解所說，名為了因。……言了因者，謂立論主能立之言。由此言故，敵證之徒，了解所立。了因，因故，名為了因。非但由智能者能照解。亦由言故，照顯所宗，名為了因。……義了因者，謂立論主，能立言下所詮之義。為境能生他之智了。了因因故，名為了因。非但由智了能照解，亦由言故，照顯所宗。名為了因。」

這裡僅將生因了因，與因、智、義三概念作機械的結合。對於論理學沒有提示新的概念。尤其是慈恩大師所說的義之生因，（道理之義）義之了因，分明與生因及了因的本來意義相矛盾。

中國因明的研究，是附隨於慈恩爲開祖的法相宗，與法相宗的講學相並行的。至宋代，法相宗瀕於衰滅，因明之講學亦隨之墜絕。對因明之研究，僅限於移入因明的唐代，及至宋代禪宗盛行，因明幾乎完全被忽視。就因此論理學與中國古來的傳統精神沒有結合上。對於以後的中國思想也沒有什麼影響。

五、禪宗非論理的性格

中國民族非論理的性格，在禪宗尤爲顯著。但初期的禪宗絕非如此。傳禪於于中國的達摩（五三四年以前沒），以二入，四行之說，大體作體系的說明。二入者「理入」與「行入」，四行者，報怨行，（不怨之意）隨緣行（知一切由因緣生，而冥順於道），無所求行（悟眞理而無所求），稱法行（順本性清淨之理、行自利利他）。此二入四行，作了相當詳細的說明[50]。

禪宗論理的傾向，以後依然繼續。例如大珠慧海（八〇〇—八三〇之間圓寂）著的《頓悟入道要門論》，作了極論理的論難應答。現介紹其一例：

「問：受罪衆生亦有佛性否。
答：亦同有佛性。
問：旣有佛性，正入地獄時佛性亦同入否？
答：不同入。
問：正入時佛性復在何處？
答：亦同入。
問：旣同入，則正入時衆生受罪，佛性亦同受罪否？

答：佛性雖與衆生同入，僅衆生自己受罪苦，佛性原來不受。
問：旣同入因何不受。
答：衆生是有相，有相卽有成壞。佛性是無相，無相卽是空性。是故真空之性，無有壞之者。譬如有人積薪於「虛」空，薪自「破」壞，「虛」空不受破壞。以虛空喻佛性，薪喻衆生。故言同入而不同受。」

在《頓悟要門》之中，有這樣極明快的議論（《頓悟要門》，四四—四七頁）。

然而禪宗非論理的傾向，次第有力，後來壓倒了論理的傾向。例如臨濟義玄，傳有如次的四句：「有時奪人不奪境；有時奪境不奪人；有時人境俱奪；有時人境俱不奪。」這是有名的臨濟的四料揀。然此四句若站在哲學的立場加以說明，尚有成立種種解釋的餘地。但臨濟不喜歡作進一步的抽象的思辨。他僅以極具象的話解說之。

「時有僧問如何是奪人不奪境？師云：煦日發生鋪地錦，嬰孩垂髮白如絲。
僧問：如何是奪境不奪人？師云：王令旣行天下遍，將軍塞外絕烟塵。
僧云：如何是人境兩俱奪？師云：并汾絕信，獨處一方。
僧云：如何是人境俱不奪？師云：王登寶殿，野老謳歌。」[51]

這裡不是在普徧的法則之下舉一個事例，僅僅是借譬喻的說明。不是論理的定義的說明，而是詩意底情緒的說明。

非論的性格，在禪宗問答的場合特爲顯著。同一人的趙州和尚，有人「問狗子有佛性否」，有時答謂「無」，有時答謂「有」。馬祖道一，也先謂「卽心卽佛」，後答以「非心非佛」。

「一日謂衆曰：汝等諸人各信自心是佛。此心卽是佛心。……僧問：和尚為什麼說卽心卽佛？師云：為止小兒啼。僧云：止啼時何如？師云：非心非佛。」⑪

對於同一質問，作完全不同的囘答，完全是基於實踐的顧慮。譬如這和醫者對重病者勸其絕對安靜，而對於輕患者則勸其稍稍運動是一樣的。所以在這種不同問答之中，理論上雖然有矛盾，實踐上則無矛盾存在。由此可見佛教的方便思想。

然而，方便思想，在應達到的目標和所用的手段之間，有一定的論的底關連。到了以後的禪宗，甚至這種關連也沒有了。禪宗中屢以「如何是祖師西來意」爲問，此卽是問禪的眞髓是什麼？對此，各禪師與以各種不同的答覆。試列舉之如次：

「坐久成勞。」（香林遠禪師）

「今日明日。」（演教大師）

「瓴頭瓦片。」（廣法源禪師）

「風吹日炙。」（寶應念禪師）

「雪上加霜。」（保寧勇禪師）

「庭前柏樹子。」（趙州諗禪師）

「日裡看山。」（雲門偃禪師）

「白雲抱幽石。」（承天宗禪師）

「長安東，洛陽西。」（廣因要禪師）

「青絹扇子風涼足。」（陽昭禪師）

「門外千竿竹，佛前一炷香。」（德山先禪師）

「石牛欄古路，木馬驟高樓。」（青峰誠禪師）

「久旱無甘雨，田中稻穗枯。」（吉祥宜禪師）

「吃醋知酸，吃鹽知鹽。」（佛鑑懃禪師）

「藏之頭白，海之頭黑（註：藏係智藏和尚，海係百丈懷海）。」（馬祖道一禪師）

對此問的答覆，各不相同。而且問答在一瞬之間便閉幕，不作對話的展開。問與答之間，意味的脈絡被遮斷了，所以令人對其所答感到非常奇異。然而聽了這些答的人，據說都有所開悟。這是不將之作爲一般的命題給以答案，而提示以具體的日常的經驗的事物，由此而教示這些哲學的問題，不應作思辨的解決；而應作具象的，直觀的，情緒的解決。所以禪宗體驗的研究的境地，不應以普偏的命題之形提示，卽應以具象的直觀之形去提示。

由這種具像的直觀像以解決人生的煩惱，對參與其事的問者答者，固然是生動的事實，但對局外人却極難了解。卽是，禪僧把「絕對不變」、「永遠妥當」的形而上學的觀念吹散，直接展示絕對者生動的個別的具體開展之蹤跡。而且把一貫的普徧者的東西隱藏起來，或故加忽視，所以對於未參於此種展開之瞬間機緣的人，是極難了解的。正因如此，儘管禪宗自身極力排斥神秘主義，而禪之體驗之所以被視爲神秘的原因，亦卽在此。

此點，禪僧的思維方法，與印度的佛敎徒正是相反。禪僧不把普徧的宗敎道德的眞理之法，當作人己共喻的判斷內容，也不當作「學問」，而只當作是各人自己的體驗去加以把握。已經指摘過，禪的問答，是潛伏着論理的。然中國人不喜歡將之作爲具論理的意義的東西去解釋。因此，當說明禪之古則或問答時，不以此爲表現論理的東西去說明，而要具象的直觀的說明其論理。例如就以「從容錄」來說，就中萬松老人對宏智禪師所記古則之著語，最能明白表示此性格。括弧內係萬松老人之著語。

「舉，梁武帝問達摩大師。（淸早起來，曾無利市。）如何是聖諦第一義。（且向第二頭問。）摩云，廓然無聖。（劈腹剜心。）帝云，對朕者誰。（鼻孔裡認牙。）摩云，不識。（腦後見腮。）帝不契。（方木不入圓竅。）遂渡江至少林，面壁九年。（家無滯貨不富。）」（第二則）

此問答之脈絡，稍有哲學思索力之人，很容易可以看出潛伏着深的論理。然後代的中國禪僧，不喜歡作論理的理解，却如右之括弧中所記的，作具象的象徵的藝術性的說明。

補註：禪宗由理論底向非論理的轉換，據川田瀧大郎教授之研究，係由四祖道信，五祖宏忍時代所準備，到六祖慧能即成爲現實態。宋後走入極端。

第四節　個別性之強調

一、强調個別的事例

較之普徧者更注視特殊者的思維方法，在此一方向發展的極限，便是對於特殊者之極限的個別者，常與以最大的注意。尤其是中國人有重視知覺上所表象的個別者的傾向，已在論判斷及推理的表現方法時，加以指摘過。這種思維方法之特徵，在文化諸領域中可以看出來。中國最古的古典，而且附與以最高權威的《五經》，中國人認其爲人之生活規範。但這大部分都是過去個別的事實之記載，而不是敍述有關人之行爲的一般的命令或教訓。儒家寶典的《論語》，是孔子及其門人個人的際遇言行之記載。至於人行爲之方法的普遍的立言，其定型化是較以後之事。中國人，實際是想透過個別的事去看取普徧的教訓的。而且就事物之個別性以觀察事物，正是中國人思維方法之一長處。

最初容受佛教施行教化之際，也和印度一樣，作一般底普徧的立言。以後，則漸採取就個別的事例，就個別的經驗以開示教義的方法。這在禪宗尤爲顯著。例如《碧巖錄》第十二則。

「有僧問洞山：如何是佛？山曰：麻三斤。」

宋之圜悟禪師，對此答作如下之說明：「人多作話會道。或謂：洞山是時在庫下秤麻，所以如此答。有的道：洞山問東答西。有的道：你是佛，更去問佛，所以洞山繞路答之。死漢更有一般道：只這麻三斤便是佛，且得沒交涉。」然則洞山之眞意何在呢？則答以「道不可由語言得」。所謂道不可由語言得者，卽是不能以普偏的命題加以敍述。僅能由具體的經驗地去獲得。而且不把佛，覺者，卽悟道的人，解釋爲離開我們的具體經驗的神秘的超越的東西的，這種思維態度，在右的各種解釋中可以說是一貫的。

印度大乘佛教之哲學家龍樹，（約一五〇—二一五〇）也說過與此相同的意趣。龍樹出現以前，在小乘佛教諸派學者之間，曾很熱烈的討論如來是什麼的問題並對佛身論做了種種論說。龍樹說這一切所論，皆未把握到如來的本體。「如來過戲論（＝形而上學的議論）。而人生戲論。戲論破慧眼，皆是不見佛。」（《中論》，二二、一五）他認爲我們當下經驗的各種東西，卽是如來。涅槃不異輪迴，此無戲論的如來亦不異世間。「如來所有性，卽是世間性。」（同上，二二，一六）此種思想，與洞山的話，意趣上完全是一致的。然印度人的龍樹，以普偏命題之形說佛教之眞理；而中國人的洞山，則例示麻三斤這種具體可視的東西，使其由此而含普遍的眞理。這裡正可看出印度與中國人思維方法的顯著不同。

二、個性記述學之發達

中國人重視個別性之結果，關於歷史的社會的事實，也特別重視個別的事實。卽是，特別注重時間的空間的完全特別的東西，不能由另外的東西去代替的東西。

首先，在歷史方面，則表現爲客觀的精密的史書之編纂。中國的正史（卽《二十四史》），似乎將各王朝所發生的事件，以能盡量的記載不遺漏爲其理想。試觀中國人附加於《二十四史》的整理，是把方向放在將《二十四史》遺漏的東西進一步加以增補使之更趨於完善的這一方面；卽是其整理方式卽爲「史補」的形態。因之，記載愈複雜，愈是好的歷史書。這與簡單精約的歷史記載方式正反。當然，也有簡單精約的方向。然由「史補」而更趨複雜的方向，較爲有力。而且中國史書，不僅記載詳細，並且也正確而客觀；此點卽在僅以希臘文化爲優越的西洋學者之間，也不能不加以承認的。「在我們歐亞大陸另一端的中國，對於我們的知識欲，提供了令人爲之入神的史書。其客觀性是無以倫比的。足令我們西洋文化人起欣羡之念。」[53]

還有，中國人特別留心保留容易湮滅的史料。集多數碑文類而成的《金石萃編》等多數之書，遺傳於今日。並有《八瓊室金石補正》一百三十卷這種龐大的著作。

對於風土的特殊性，個別性之記載，也做了很大的努力，留下了廣泛而數目龐大的地方誌。還編纂有各書籍之圖錄，並曾完全像《四庫全書總目錄》二百卷這樣龐大的著作，以傳於今日。因爲目錄之種類非常多，所以到現在爲止，仍在編纂若干「書目的書目」。

這種文化現象，恰和印度的相反。印度的歷史書類非常之少；而且其內容是非常空想的傳說的風土的個別性，僅注視普徧。然而中國人則與此相反，特重視歷史的風土的個別性，而加以詳細的敍述。所以中國的個性記述學（Idiographiche Wissenschaft）大爲發達。據李克特哲學，選擇事物之不再重複的單回個別性加以記述的科學卽爲個性記述學，這與歷史學同義，若擴充範圍，包括記述空間的、風土的、個別性學問的話、那種「個性記述學」這一名稱實在是最中國的學問。

此種個性記述學的思維方法，也規定了容受與此恰相反的印度佛教的形態。當佛教容受之際，中國人也不曾忘掉歷史的回顧和反省。首先，特別重視佛教的歷史與傳記之類，而加以翻譯。印度的此類書籍，其內容並不精確，但總算有各式各樣的著作。然因印度人對這一方面並不關心，所以各自散失了。但中國人却特重視這一方面。記述印度小乘教分派成立的《異部宗輪論》，曾被漢譯了三次。此外，如《阿育王傳》，馬鳴，龍樹，提婆，世親等傳，雖皆係傳說的性質，但皆漢譯過來了。而這些傳記的原本皆經散佚。亦無藏譯存在。

而且，印度可供翻譯的歷史書，傳記類很少，所以中國人曾嘗試作新的佛教史。此一努力之典型結晶，有《付法藏因緣傳》六卷，這是以釋尊之親弟子摩訶迦葉爲第一祖，一直到第二十三代師子的付法事蹟的記述。據推定，大概是名叫「曇曜」者，根據來自西域的吉迦夜三藏等之口述，並參考《阿育王傳》，重新編述的。並且著作了許多記錄從印度佛教，到中國佛教師弟傳承的書籍。記《法華經》傳承的有唐僧詳的《法華傳記》十卷；記《華嚴經》傳承的有唐法藏的《華嚴經傳記》五卷。天臺宗則有宋士衡的《天臺九祖傳》一卷。最大規模的史書著作者爲禪宗。宋道原有《景德傳燈錄》三十卷。宋志磐有《佛祖統記》五十四卷。宋契嵩有《傳法正宗記》九卷。原念常有《佛祖歷代通載》二十二卷。明覺岸有《釋氏稽古略》四卷。除編纂高僧各人的傳記之外，綜合記錄各個高僧傳記的有梁慧皎的《高僧傳》十四卷。唐道宣《續高僧傳》三十卷。宋贊寧等《宋高僧傳》三十卷。明如惺《明高僧傳》六卷。此外還有唐義淨之《大唐西域求法高僧傳》。

當集諸多小論稿爲一大集成時，印度人常省略諸小論題名及作者姓名、「大毘婆沙論」、「摩訶婆羅多」等大著作，即由此而成。中國則常在集成書的各論稿上、詳記出處、題名及作者等來歷、「弘明集」、「廣弘明集」、「樂邦文類」等，爲其最佳例證。

中國喜歡歷史地理解個別人物，所以對於教祖釋尊，也想將他作爲一個歷史的人物去把握。梁僧祐整理了多數佛傳記，著述了《釋迦譜》（五卷或十卷）。唐道宣作《釋迦氏譜》一卷。而且漢譯經典，何時何地，由釋尊對何人所說，在中國視爲重大的問題。於是把各經典與釋迦一生中之各時期相連結。天臺大師的「五時敎判」，是此一努力之典型結晶。今日從原典批判的立場看，所謂經典皆後世所作，此種努力無甚意味。然中國當時的佛教學者却很認眞的作如此考慮。

第五節　就具象的形態而愛好其複雜多樣性

一、藝術空想的具象的性格

中國人重視個別性，其表象的內容，是具象的傾向，所以自然成爲就具象的形態而愛好其複雜多樣性。尤其因站在信賴且執着於感覺的特殊性之立場，故較之把握事物的合於法則的統一，毋寧是對不統攝於法則的多樣性的方向，要敏感得多。在感覺的範圍內，世上的事象，是千差萬別的。因之，在信賴知覺表象，重視個別性的中國民族，當然對事物之多樣性非常敏感。對於規制多樣事象的法則之普偏妥當性，則不與考慮。

這種思維方法之特徵，影響於中國人的藝術的形成力量。中國人的藝術的空想力，有一定的界限。僅僅注視直接感受得到，尤其是由視覺作用所能把握的、具體的能經驗到的東西，這種思維態度會使人的想像力趨於貧弱。因之，在中國伴隨着具體性現實性的小說或戲曲類雖大爲發達，但沒有成立偉大的敍事詩，此與印度之有世界最大的敍事詩「摩訶婆羅多」(Mahabhārata)及偉大英雄詩（Rāmāgana ）而缺乏小說者正相反。唐宋時代固然產生了極優秀的詩，然作爲詩中材料的各種觀念，大抵是具象的；在空間上，時間上都未曾忽視自然規定。雖亦有像晚唐詩人李長吉般發揮異常的想像力者，然成爲其詩中材料的各個觀念，却不是那樣富於想像的。印度人以巨大的數量，馳橫溢之空想；而中國人則就具象的形態，愛好複雜多樣性。在複雜多樣性上發揮其想像。

或者會發生如下的疑問。中國人之藝術天性，有一種誇張癖。例如：「白髮三千丈，愁緣似個長。」（李白）這豈不是抹煞自然規定的表現嗎？然而，仔細的想，這也不一定是想像的。對此，日人戶崎允明曾解釋說：「三千丈、猶如數千丈，是卽無量之謂。如弟子三千，宮女三千、路三千皆同。欲言愁思之長，而無以盡，故曰三千。」所以「白髮」的概念，「三千」的概念，作爲人的具象的表象內容，都是可能的。唯將「白髮」與「三千丈」連結起來，是不顧自然的規定而已。這和很隨便地使用幾億，幾千億，恒河沙數等，竭盡人的具像的，表現能力的莫大數字；與隨便表象自然界所不可能存在之概念的印度人，在思維方法上，正是根本的區別。

二、愛好修飾的文章

漢語的文章，正如上述，是就具象的形態而愛好其複雜多樣性的這一特性而展開的。

漢語具備有極整齊的韻律，格調，節奏等的律動形式，而將語言投入於感覺之中。文章的文字，多以四字七字爲對；爲整備此一形式，犧牲意味致使文章曖昧，亦在所不惜。六朝駢體文之起源，正在於此。還有，在諧音（Euphony）的目標下，文章藝術化了。而且中國的文章，不用普徧的抽象的概念，只驅使有來歷的典故熟語，極富於優雅的情味。

此種思維方法之特徵，自然使佛教變貌。直接連接於在印度成立之各哲學體系的中國佛教諸派，個個都是抽象的思辨的，但純中國佛教的禪宗，則顯著是文藝的。禪宗文藝的性格，在其附於各話則（公案）的頌古（韻文）中，特爲顯著。例如對於「俱胝豎指」的話則，無門附以頌古曰，「俱胝鈍置老天龍，利刄單提勘小童。巨靈抬手無多子，分破華山千萬重」。這裡只羅列訴之於視覺的具體的人物或形象，試圖營造象徵的某種宗教的形而上學的氣氛。一點也不要抽象的言說。

就具象的形態而愛好複雜多樣性的傾向，在文章上，就向一味排列許多具象的言辭，想經由感覺的表象之羅列以魅惑人的方向去努力。縱其所欲說的意味很單純，却繞以複雜的貪緣，崇尙繁複語文的交錯。就此成立了中國人的修辭癖。

中國人自身也承認這種精神的特性。釋道安承認中國人在愛好修飾文章的這一點上，與印度語的文章，有本質上的區別。他說：「梵經尙質，秦人好文。傳可衆心，非文不合。」[54]

古印度語中，有稱爲「卡非雅」之美麗文體者，但不用於佛教經典之中。漢譯佛典因希望能適合於中國人的精神嗜好，故也大力着眼於文章之美的效果，釋道安認此爲漢譯佛經缺點之一。

據圭峰宗密的看法，禪宗傳至中國，所以採「不立文字」的態度，是爲了糾正這種惡習。他說：「但以此方，迷心執文，以名爲體。故達摩善巧，揀文傳心；標舉其名（心是名），默示其體（知是心），喻以壁觀，令絕諸緣。」[55]然而後世禪宗，愛好禪的表現，完全化爲文字的宗教，這是人所共知的。

以孔子爲宗的「儒教」，正是嗜好這種文章的「文人之教」[56]。「所謂儒教者，不外是有一定文學教養的現世的，合理主義的，挾持支配階級的身分倫理。」[57]這種文人，是知識人，讀書人，同時也是道義之承擔者，指導者。中國歷代王朝的官僚，都是從此類文人中選出的。一般民衆，雖無讀書的餘裕，然其生活之基本態度，仍在於學文好文。「好讀書，不求甚解。每有會意，便欣然忘食。……嘗著文章自娛。」（陶淵明〈五柳先生傳〉）這便是中國文人的理想。

三、中國佛教徒之訓詁癖與文章愛好

中國的智識分子兼支配階級的，都是上述意味的文人。與此相對應，所以中國的佛教，就其知識的側面而言，是文人的宗教。即是，對應於中國文化全體有重視文獻的性格，所以中國的佛教，是「文獻的宗教」[58]。中國佛教的宗派很多區別，但並不像日本那樣是政治的社會的區別，而是基於學問上的區別。與其說是宗派，不如說是學派較妥當。直接遵奉在印度成立之各教體系的宗派有毗曇宗、俱舍宗、三論宗、四論宗、地論宗、法相宗等，皆直接承襲印度的教義學說。相對的，各依據某部經典、各在中國組織之教說體系有律宗、涅槃宗淨土宗、禪宗、天台宗、華嚴宗、眞言宗等。之後律宗包括四分律宗、十誦律宗及僧祇律宗；禪宗則分爲五家七宗。所以分化成多數宗派、主要乃視其所重視經論而定，在實踐的範圍內，並不那樣紛歧。尤其是宋代以後，實踐方面，是禪與念佛之綜合。所以大概的說，在學問方面是多，在實踐方面是一。

有文人性格的中國佛教，是如何追求文章的呢？如前所指，他們是愛好具象性之複雜多樣性的「文」。試就下面所舉意味深長的例子，以檢討其好文之跡。

例如嘉祥大師吉藏所著《勝鬘寶窟》是有名的解釋《勝鬘經》的事。正如他自己所說：「翫味旣重，鑽鐩累年，摭拾古今，搜檢經論，撰其文玄，勒爲三軸。」引用多數經論，一字一句，詳加註釋，努力於博引旁證，使讀者壓倒昏迷。至於《勝鬘經》本身的意義是甚麼，却茫無所得。所以日本的普寂批評說「判釋精緻」，「其事義文釋甚詳，宜以之擴大創學的知識，無有較《寶窟》爲更精者」。但不是使人理解原經的意趣的東西。然而學者多加以珍視。「蓋乃由於佛學轉入於名相之窩，不顧理趣之如何，豈不可慨。」[59]這點、與日本聖德太子的《勝鬘經義疏》簡潔、而深得要領者、正相反。

還有，在小乘佛教教義綱要書的《俱舍論》的諸註釋書中，最有權威者爲普光之《俱舍論記》；這相傳是他把玄奘所直接口述的西印度之說一切有部學者的解釋，全部記下來的。

其解釋雖得正鵠，但因過於尊重傳承，除將說一切有部的最大註釋書《婆沙論》中的各種異說，都網羅在內不消說，連舊譯及《順正理論》的異說，亦都網羅並列，缺少簡明的決斷。

中國許多《法華經》的註譯書，也都有這種傾向。特別是慈恩大師窺基的《法華玄贊》，其裝飾字句之多，使人驚倒。初唐文獻，大概雖都字句難解；然而像玄贊這樣叮嚀懇切，作不必要之說明的書，却還少見。其中隨意引用《爾雅》、《廣雅》、《說文》、《玉篇》、《切韻》等，這都不過是裝飾的意義。

所以在中國佛教學者之間，解釋經論之題目，也是件大工作。嘉祥大師吉藏，對於自己引爲根據的龍樹所著的《中論》的題名，作了各種複雜煩瑣的說明。但說到要點，結果到底如何的時候，却只說：「通而爲言，三字皆中皆觀皆論。」這在論理上是完全無意味的立言。他樂於以文字爲戲。又如下面的例子，他似乎不知道書的題目是表示概念的。「『中觀論』之三字無定。亦言中觀論，亦言觀中論，亦言論中觀。」由此敷衍下去，加以煩瑣的說明。

中國的佛教學者，忘記了名稱是表示概念的道理。應該是最富於論理思考的因明學者也是一樣。「因明」是梵語 hetuvidyā 之義譯，直譯則爲「關於因（理由）之學」。然中國人不顧此原義，僅在「因」與「明」二字之結合上認取其意義，而加以任意的解釋。慈恩大師謂：「因謂立論者言，建本宗之鴻緒。明謂敵證者智，照義言之嘉由。」「明家因故，名曰因明。」「因者言生因，明在智了因。」那一種解釋都是錯誤的。但慈恩大師僅列舉這些解釋，不決定何者是正當的解釋，也不想解釋。對于「因明入正理論」的題號，也舉了五種解釋，精微細密。

又如《華嚴宗》的詳細題目爲《大方廣佛華嚴宗》。其原名是 Mahā-vaipulya-budha-avatamsk-sūtra，所以漢譯的經名，應作「大—方廣—佛—華嚴—經」解釋。然而最尊重華嚴經，在中國被尊崇爲華嚴經解釋之最高權威的賢首大師法藏，不考慮此題目是由幾個概念所構成的，而視爲由文字所構成者；對此題目，一字一字地加以說明。

> 「大以包含爲義，方以軌範爲功。廣卽體極用周，佛卽果圓覺滿。華譬開敷萬行，嚴喻飾茲本體。經卽貫穿縫綴，著能詮之教。從法就人，寄喻爲目，故云《大方廣佛華嚴經》。」

這已經夠與人以冗漫之感了。但法藏的訓詁癖尙不止此。更謂「大有十義」，對於「大」字列擧了十種煩瑣解釋。「次釋方廣，亦有十義。」「次釋佛義，亦有十種。」「華有十義。」「釋經之字，亦有十義。」各列擧冗長的解釋。而且所列擧的十種意義之中，那是根本的，那是引申的，並未作何決定。

正因此，中國雖產生訓詁學，却未產生西洋中世紀的經院哲學（scholasticism）。訓詁學並不具有西洋法律學中所見的合理的形式主義的性格。同時並也不具有像猶太敎牧師（Rabbi）或回敎學者所行，或像印度阿毘達磨（abhidharma）論師所追究的決疑論（Kasuistik）的性格。

作爲文獻宗敎的中國佛敎，因爲很重視文學所記的經典，故強調寫經的功德。終至認爲寫經較之實踐佛教之道德，更有價值。天臺大師智顗說：

「云何寫經？謂令衆生修八正道，破虛妄等。修有多種。若觀心因緣生滅無常，修八正道者卽寫三藏之經。若觀心因緣卽空，修八聖道，卽寫通教之經。若觀心分別校計有無量種，凡夫二乘所不能測，法眼菩薩乃能見之，是修無量八正道，卽寫別教之經若觀心卽是佛性，圓修八正道，卽寫中道之經。」[60]

若無重視寫經的想法，則不會有這樣的立言。並且基於這種思想，所以中國在遠大規模之下，著手刻石經。自北周至遼，前後合刻了過半以上的《大藏經》。這種大事業，只有中國人才能做。在佛教發祥地的印度，雖也有在磚上石碑上刻經的，然就現存的遺品看，所刻的經文，僅爲十二因緣之文，與四諦之文，都是很短的東西。這不是寫經的目的，是刻經文之一部藉以獲功德爲目的。故中國人之所以與印度有此不同，基本乃在中國人重文化的此一獨特思維傾向。

第六節　現實主義的傾向

一、以人爲中心的態度

中國人在表現判斷及推論時，如前所述，常是以人的東西爲主語去活動其思考作用的。

中國文章之主語，不論明示出來或明示出來，多是人；反之，對象的東西，則作爲受詞述之。所以，漢語既無格語尾，語順亦不一定，只是把文章的字數排列得很整齊，但大家依然能了解其意味。

在這種思維方法中，要將人作爲客體的對象的東西而加以把握，便相當困難。因此，在漢語中，被動態沒有充分發達。及物動詞，沒有目的格時，也變爲被動詞。還有，在及物動詞與受詞之間，用於，于，乎等字，則變爲被動態。例如「東敗於齊」，「由是鄭伯始惡于王」。然而此時，相當於前置詞的是爲了表示空間的場所的表象所用的助詞，很難說是特別意識到了被動詞的表現法。「見」或「被」「爲」這種字放在動詞之前，有時亦有充當被動助動詞之功能，但並沒有一般化。就這樣，中國人因被動態之意識不明確，所以儘管一切皆以人爲中心去加以考慮，却並不曾客觀的對象的有秩序地去理解人。

爲這種思維方法所規範，中國人對於許多問題，是以人爲中心的。而且這與近代西洋的此種態度又不同，是便宜主義的，實用主義的。大家都知道中國的民族性，是常識的，功利主義的。所以中國一切的學問都是實踐之學。在中國智識社會所發達的思維，一切都集中於和人的現實生活有直接關係的實際問題。道德，政治，或處世之方，成功之法等，是爲關心之焦點。道家，即所謂老莊思想，是保身之道，成功之法，或爲治民之術。居傳統思想界之王座的儒家，不外是士大夫之身分倫理與統治之術。所謂之法家思想，亦不過是爲教君主如何擴張權力，如何驅使統御其臣下及民衆的方法。

所以中國人沒有成立初看好似與實用無關的論理學。中國人所說的範疇論，是基於實用主義的見地。西洋的 Categoria ，日本人譯爲範疇，這是從《書經》的〈洪範〉九疇來的。這不是文法學的，形式論理的範疇，而是政治道德的體系的演繹。

〈洪範〉九疇：

（一）五行。水，火，木，金，土（供衣食住等生活手段的自然物質）。

（二）敬用五事。貌，言，視，聽，思（個人修養的內省之契機）。

（三）農用八政。食，貨，祀，司空，司徒，司寇，賓，師。

（四）協用五紀。歲，月，日，星辰，曆數。

（五）建用皇極（示王道的極致，位於中央的範疇）。

（六）義用三德。正直，剛克，柔克。

（七）明用稽疑。卜筮。

（八）念用庶徵。雨，暘，燠，寒，風，時。

（九）嚮用五福，威用六殛。五福，壽，富，康寧，攸好德，考終命。六殛，凶短折，疾，憂，貧，惡，弱。

中國的史學，也是基於實用主義的態度。例如司馬溫公著的《資治通鑑》，史實正確，考證詳明，可稱爲近世的實證史學。其書之目的，則誠如其書名之所標示，是所以「資於政治」者。

中國人的這種現實主義，也可稱爲「即物主義」（ Realisme ）[51]。但是，這僅在人的現實生活要求實行的道德或政治之學上，可以這樣稱呼；至於實際上能否實行，却未就現實事態之本身作深的考慮。所以中國的思想家，不客觀的就自然之秩序正確的觀察事物。

這種思維傾向，當容受印度思想之際，也非常顯著。他們沒有容受在印度發達的自然科學或數學。有自然哲學傾向的《勝宗十句義論》曾由玄奘翻譯出來，但這可說是例外的現象，以後也沒有加以研究。而因明之未從正面加以接受，也是同樣的理由。

把客觀的對象，看作是從屬於人的，因而從日常經驗上加以把握的方法，也表現於最富中國色彩的佛教的表現法之中。例如，大梅山法常禪師臨終有「來莫可抑，去莫可追」的話。這是表示離個我之主見，不拒不追，自然任運，妙用無礙的境地。印度佛教徒表現與此相同的意境為「無一法可損，無一法可增。應見實如實，見實得解脫」[52]。印度人大體作為人與客觀之關係所把握的道理，中國人則就日常的人的交涉之關係而說明之。

二、宗教上以現世為中心的傾向

僅注視現實的人的日常生活，忽視超越性普遍的思維傾向，自然使人成為現世的唯物的。此一傾向，表現於種種文化的領域。

首先，中國是缺乏神話的民族。中國人幾乎沒有關於天地，日月，人，等成立經過的神話。對於這些東西神話的說明，僅散見於傳統文化之旁枝的《淮南子》，《述異記》，《三五歷記》等。在中國具傳統權威的經書中難得看出。記中國古代歷史的司馬遷《史記》，雖自《五帝本紀》起筆，却將此作為人類生活的最初記錄，而不記錄神變不可思議的東西。

缺乏神話想像力的中國人，一向極唯物的，現世的。此點，儒家，道家，法家都是一樣。

當然，中國自古便有民間信仰的宗教，不僅支配一般人的生活，即使知識社會，在實際生活上也沒有脫離這種宗教。他們也有依存乎人力以上的某一東西之情。就像儒家對喪祭之禮，或說其有追考之義，而將其適應於天下之秩序，在宗教禮儀之中附以道德政治的意義；或說魂之氣輕而歸天，試作一種合理的解釋；都是爲了與民衆一般的宗教信念能相妥協。一方面把天解釋爲自然之法理，使其合理化；一方面把天作爲神而使其保有宗教的意義。將本是人的聖人，幾乎完全視爲神聖，祭以宗教的禮儀，以信仰的態度崇拜其經典。到了漢代，儒家以種種形式，說災祥之事。老子也受宗教的崇拜，後且與神仙說相結合。所謂神仙說者，是說有長生不死的仙人及成仙之方術的。以這種神仙說爲中心，並受佛教的刺戟，遂組織成立了道教。從這些現象看，中國的宗教，終究是以去災求福爲主的祈禱或咒術。儒教原是想遠斥這些東西的，却未能阻遏一般民衆的這種傾向。並且道德或政治之教，與這種程度的宗教思想做這種結合，也絕非偶然；本來，在其道德說政治說中，有以滿足人的肉體物質欲求爲基本想法的傾向。而其天的觀念，也很少有像以色列那種人格的色彩。

這種思維傾向，也規定了中國佛教。印度佛教，就整體而言是形而上學的，說人的前世及來世的。然流行於中國一般民衆的佛教，則是咒術的祈禱的。佛教移入中國的初期，佛教信徒多限於歸化的西域人。將之推廣而成爲漢人之宗教的，是佛圖澄（三一〇年來華），他顯示種種奇蹟，由此獲得群衆的信仰；在他這一代之間，創建了八百九十三個寺塔。他又博得後趙石勒石虎的信仰，開啓了結合政權以弘揚佛教的端緒。漢人成爲僧侶，在這以前是不准的；此時也才得到公然的許可。其後，佛教者宏佛法於民間，也多半由這種方法。

由于重視咒術的中國人的思維傾向，中國人沒有容受含有禁止咒術祈禱教義的佛教。所以在印度佛教諸派之中，禁止咒術祈禱的傳統保守的佛教，中國人作爲「小乘佛教」而加以排斥；主要乃選擇了在某種程度上容認咒術祈禱的大乘佛教㊸。原始佛教，將咒術，祈禱，占卜，祭祀，調伏法等，一切作爲迷信而加以排斥。出家的比丘不待說，在俗信徒也不能作這些事。以後，到了傳統保守的佛教教團確立的時代，依然保持着這種知識人的確信與矜持。然而，大乘佛教，原係後世作爲民衆的宗教而成立的，所以與民衆一般之信仰妥協，作爲教化民衆之手段，也採用了咒術祈禱。而且這種性格的佛教，滔滔流入到中國㊹。

所以中國的佛教，黃喇嘛教的（Shamanism）傾向，或咒術儀禮的傾向特強。今日中國人害病困窮時，不僅求之於民間信仰的諸神，而且也祈之於佛教的諸菩薩，諸天，諸神。符籙盛被尊重。不具這種性格的佛教宗派，不能廣行於一般民衆之間。甚至中國佛教中最具有哲學體系的思想者之一的天臺大師，對於人害病，也認爲有時係魔所爲，而教人以此時須念咒驅魔㊺。

最重視咒術的是密教。密教在唐代移入中國後相當盛行。明代因其流弊叢生，加以禁止。然因與原本喜好招福消災的中國民族心理有所投合，故近來則又有復興之勢。

中國人依存咒術的傾向，也混入於淨土教之中。淨土教原無咒術的傾向，日本淨土教公然與此傾向爲敵。然中國的淨土教則與此妥協了。近代中國的佛教，主要是淨土教。現在中國死者納棺之前，誦招靈的《召集眞言》。次誦《破地獄經》。最後三呼阿彌陀佛、觀世音菩薩與地藏菩薩，以助死者之冥福。

中國的淨土教用「阿彌陀佛」的名稱，其本身有咒術的意義。阿彌陀佛是梵語 Amitāyur Buddho 之音譯，意譯則爲無量壽佛。隋以前，專用無量壽佛的名稱；唐後隨淨土教之推廣而專用「阿彌陀佛」之音譯。其理由之一，據塚本善隆氏說：「不僅語調較好，而且由梵名之反復念而容易感到咒術之力，佛教徒特視之爲神聖的梵語名。就中國人而言，以不詳原意之梵語直接反復唱念，自會伴隨咒術魅力、而易於實行普及。」印度人一提到及 Amitāyur Buddho，便連想到作爲「壽無量」佛的表象內容，中國人因將之音譯爲「阿彌陀」而杜絕了與「壽無量」這一表象內容的關連。就因此，原來排斥咒術要素的淨土教，在中國則僅在咒術的變容擬態之下才能廣行於民間。

重視這種咒術的傾向，只有在解釋爲可得到現世物質利益的範圍內，才能盛行的，並不是基於印度人那樣的複雜幻怪的空想。中國人不愛神秘的東西。

從印度來到中國，漢譯了許多經典的高僧眞諦三藏說：「中國有二種福，一無羅刹，一無外道。」[66] 對於這，荆溪大師湛然說：「若此土有得通之外道，此方道俗，誰肯歸此。」[67] 而且姚秦時代，從天竺來有外道，喜其卒被驅逐。

中國人不愛好環繞佛教的神秘空想幻怪的**貪**緣。反對佛教的中國人，主要攻擊佛教的這一點。

不愛好幻怪空想的中國人之此一傾向，到禪宗而更爲明顯。禪宗本身，不能說全無神秘主義的傾向。然而它是在大自然，在日常人事之中認知其神秘，完全不說不可思議的靈異，或幻怪空想的神秘性，或奇蹟這類的東西。

「有法師問：『持般若經，最多功德，師還信否？』師云：『不信。』曰：『若此，靈驗傳十餘卷，皆不堪信？』師云：『生人持孝，自有感應；是非白骨能有感應。經是文字紙墨。文字紙墨性空。何處有靈驗？靈驗在持經人之用心，故神通感於物。試持一卷經，安着案上，無人受持，能自有靈驗否？』」68

所以禪宗認爲佛敎所說的「神通」「妙用」，不外是「搬柴運水」的「日常之事」。不含有何等神秘的體驗。而且中國禪宗，不言修禪結果可以生天等話。這是外道與如來禪之區別所在。

當然，說中國人係現世的，並不一定都是站在樂天主義的立場，認現世爲最善。中國也有厭世而尊重寂靜的思想，例如老子說：「吾所以有大患者，爲吾有身，及吾無身，吾有何患？」莊子說：「夫大塊載我以形，勞我以身，佚我以老，息我以死，故善吾生者，乃所以善吾死也。」老莊在厭惡現世的這一點上，與佛敎相似，這正是使中國容受佛敎容易的一個思想的基盤。然而老莊對於人未生前之過去及死後之未來，沒有展開突進的思索。

關於人死後的命運問題，中國人抱持一種極單純的觀念。中國人爲死是靈魂自肉體遊離，既使肉體埋葬墓中之後，亦固守靈魂依舊徘徊於肉體周圍的這種信心。從而認定，經由怒號或呼叫名字，卽可重將靈魂喚回肉體。爲死者哭號之宗敎儀式、是卽由此而成立，此一觀念及禮儀、在紀元前幾世紀便告成立，及至佛敎之移入，至今仍根深蒂固地、存續於民間。

中國哲學家們，關於人死後之運命問題，是極不關心。例如，孔子的學生子路問死，「子曰：未知生焉知死」。這與印度哲學者所與的解答，大異其趣。據原始佛教聖典，傳佛對於這一問題，拒絕回答。然而佛是因爲以前的哲學家們，對此已經有了許多思索爭論。爲想從這種煩累的議論中解脫出來，自覺到「有關死後問題之回答，一般都陷於二律背反的緣故」。孔子之回答，則好像是站在現世主義的實利主義底立場。

並且中國化的佛教禪宗，一面連接着佛教的根本立場，而在表現方法上，則顯著是中國式的。例如大珠慧海有如下之問答：「禪師自知生處否？師云，未曾死，何用論生。若知生卽是無生法，則不離生法說無生。」[69] 朱子對於鬼神問題，亦採保留的態度。「鬼神之理，聖人蓋難言之。謂其有一物固不可。謂非眞有一物亦不可。若未能曉然見得，且闕之可也。」[70]

隨着中國人現世中心的思維傾向，所以關於死的問題，認爲死對於生，乃必然的現象，從容以死，對於死後運命，不費寃枉心事。卽是所謂「齊生死」。揚雄說：「有生者必有死，有始者必有終，自然之道也。」[71] 這與印度的死生觀大異其趣。印度人一般的見解，人的生是循環着幾多的生，死後也在輪廻的運命；所以應生積功德或作修行，來世可生天堂，或脫輪廻世界，完全合一於絕對者，絕對安樂的境地。佛教也是這樣的想法。然而佛教入中國後，關於佛教中心問題的生死觀，便不是佛教本來的見解，而以中國人固有的見解表現出來。例如嘉祥大師吉藏，臨終時製＜死不怖論＞，落筆而卒。其辭曰：「略舉十門，以爲自慰。夫含齒戴髮，無不愛生而畏死者，不體之故也。夫死由生來。宜畏於生。吾若不生，何由有死。見其初生，卽知終死。宜應泣生，不應怖死。」[72] 嘉祥大師對於佛教是博學無雙，而其骨髓則依然是中國人的。

叛離印度人的生死觀，到禪宗達到了極點。畢生修行的高僧，不像西洋人印度人那樣的說「生於天」，而自說是赴「黃泉之國」。例如天童如淨臨終有如下之遺偈。

「六十六年，罪犯彌天。打個踍跳，活陷黃泉，咦，從來生死不相干。」

日本的道元臨終之際，其心境亦同：

「五十四，照第一天，打箇踍跳，觸破大千，咦，渾身無覓，活陷黃泉。」

在印度或在歐洲中世，以現世的生活爲迎接好的來世之一種準備的思想，是很有力的。在中國，則沒有這樣顯著地表顯出來。因此，中國人不作深刻的宗教內省。沒有深刻的罪障意識。孔子教無原罪（Erbsühe）的觀念，亦無解脫的思想。佛教蹈中國宗教之此一空隙，以決河之勢，流入中國，與中國文化以極大影響。然不久便融合於通俗民間信仰或道教之中，從中國民族的全體看，依然是有返回到現世的性格的趨向。

三、形而上學之未發達

與上述傾向相關連，在中國，形而上學沒有充分發達。《五經》中所記載的事情，都是現實人世界的事情，對於超感覺世界之記載很缺乏。其中，雖亦記有支配人或萬物的「天」，然這和在我們頭上所能看到的「作爲大空之天的觀念」不能分離開去想。所以依然不曾超過感覺的世界。

古代中國哲學中，比較富於形而上學的性格者是道家。道家去儒家仁義之名，以天地萬物未分，無名無形的宇宙太初之狀態爲大道之象徵。這裡，我們可以認出若干形而上學的性格。然其後與保身養生之術相結合，沒有展開形而上學的體系。此外，當然也有關於形而上學的原理的觀念。例如《五經》中之「天」，《易經》中的「太極」，朱子們所提倡的「理」等，都提示了形而上學的原理，但缺乏明確的說明。僅主張這些東西的存在而已。例如，最哲學的朱子學，「理」到底是怎樣的性質，在朱子著書中，找不出很明確的說明。朱子常主張「理」之存在，但對於理之性質，則默而不語。

而且，中國畢竟不曾發達形而上學的體系。嘉祥大師吉藏，指摘中國哲學，僅止於相對的對立之見解，不過是站在照樣肯定主觀與客觀之對立的常識的立場[73]。圭峰宗密，也批評「外教（儒道）宗旨只在乎依身立行，不在究竟身之原由。所說萬物，不論象外。雖指大道爲本，而不備明順逆、起滅、染淨因緣」[74]。

中國的哲學思想，至宋朝而達到絕頂。然集宋學之大成的朱子，對於哲學的思想，不曾作體系的著述。

已如前所指摘，中國人一般對於內屬判斷的自覺不充分，所以對於形而上學的原理，與依存此原理，或由此原理而來的派生現象之區別，不能明確。因之，佛教移入以後，也受了這種影響。中國的三論宗，是基於龍樹的中論等而展開的教說。在龍樹等，把爲使諸法之構成得以成立的「世諦」，和作爲諸法究極的立場之「眞諦」，當做是基於二者實在的立場之不同而加以把握的。然三論宗則以二者僅係單純的表現法之不同（言教之二諦）；於是說「有」者便爲世諦的立場，說「空」者便是眞諦的立場⑮。這種見解，不能成立構成的形而上學。所以考究諸法之成立秩序的唯識哲學，雖在梁陳時代，由眞諦三藏所導入，然在思想界不占勢力。儘管唐代再由玄奘三藏大規模地移入，且受國家的保護，然不久卽歸滅絕。像小乘佛教阿毘達磨教的心理現象的分析，在中國沒有得到發達。這種思辨的哲學，不適合於中國人的嗜好。到了禪宗，形而上學性終益稀薄。圭峰宗密，已認爲禪宗關於形而上學之說教，極爲簡單。「但佛經開張羅，大千八部之衆。禍偈撮略，就此方一類之機。」⑯

中國人所組織的哲學體系中，最偉大者爲華嚴宗。這是一方面繼承古來佛教的傳統，而且超越了佛教的。印度哲學思想中，一般是建立絕對者與現象世界的兩個概念。前者是無相，無差別的；後者是有相有差別的。並且常說明兩者是在何種關係之中。以中國的表現形式說，卽是事與理的關係。然而，中國的華嚴宗，強調各個現象，都是相卽相入，各有其絕對的意義。於是，「理」的問題，推到背後去了，而僅注視「事」與「事」的關係。且站在此立場上，而說「事事無礙圓融」，「一卽一切，一切卽一」。在這裡，「理」在「事」之中，是內在的內含的。印度哲學，總是以個物與絕對者之關係，多與一之關係爲中心問題。而在中國的華嚴宗，則以個物與個物，有限者與有限者爲問題。這種傾向，在天臺宗中已露了出來，在華嚴宗更爲顯著。華嚴宗可看作是大乘佛教顯著底中國的發展形態。在這種哲學中，完全拋棄了在經驗現象世界的背後建立形而上學的原理的企圖。

第七節　個人中心主義

一、利己主義的傾向

中國人是以人爲中心的思維。但很顯著地是向利己主義的傾向前進。中國人是以個人的自己與極爲私人的人倫組織的家族爲中心來考慮問題。他們在道德問題上，也僅對於在特定關係之個人與個人之間，例如父子君臣夫婦之間來考慮。對於社會或集團之全體的公共的道德，則不那樣認眞地考慮。

識觀諸家的思想，首先，老子的道德，卽使是在說利他的德目之際，究竟也是爲了圖自己個人的安全。例如：「慈故能勇；儉故能廣；不敢爲天下先，故能成器長。」[77]正如後世佛教徒批評的一樣，「老子以淸虛澹泊爲主」，「僅保持一身之命，義乖兼濟之道，不思利人」[78]，楊朱之主張爲「全性保身」（《淮南子・氾論訓》）。莊子之主張也不外於是「爲善無近名，爲惡無近刑，緣督以爲經，可以保身，可以全生」。戰國末的思想，養生之說，都是講保存肉體生命之道；隱逸思想，在其認爲離開權利名勢，卽可離開由權利名勢而來的危險的這一點上，也是保身之道。神仙說也是想無限延長肉體的生命，是從無限享受人生之快樂的欲求出來的。這些，都是自己本位的想法，是一種利己主義。卽使支配階級愛庶民的墨家，亦因愛他人，他人便可以愛自己的緣故，所以還是利己主義。

儒教說治國平天下之教，以社會國家的問題爲自己的問題，故在此似可以看出利他的精神。然而，那主要是說支配階級統治國家的方法。因之不是出於把人作爲人，把生作爲生加以拯救的精神。孝之道德，在實踐上，也有利己的傾向。日本的道元，很明白指出了這一點。「和光應跡之功德，獨是三世諸佛菩薩之法，非俗塵凡夫之所能。實業之凡夫，如何可應跡自由？孔子尙無應跡之說。」⑲即是，佛菩薩爲了救生，不選擇時處，將衆生置於與自己相同之境地，而努力去救助之。這種事爲孔教中所無。

中國思想中，利己主義的，個人中心的傾向特強，究係何故？我想，這好像與中國農村生活之實態有密接的關係。中國農村，即到現在，也可說是村落集團性的程度比較低，耕作灌漑的協力亦少。因之，對於違反農村生活者之制裁，也少在村內執行。沒有對村民的壓制，所以不須要強力的統制機能。反映村落集團意識之低調，所以村落之自律自治也是消極的。中國農村生活的這種特徵。自然對應於中國民族之思維方法。

二、佛教的精神指導與其變貌

如上所述，佛教徒是對於中國哲學一般的利己主義的態度加以非難的。佛教入中國後，依其慈悲的理想，作許多利他的活動。後趙石勒受佛圖澄之感化，將諸子悉託由寺院教育，自此以後，寺院作爲教育機關，有重要的惠義。佛教僧侶的社會事業中最可注目者爲治病與貧民救濟。在東晉時代，佛圖澄，竺法曠，訶羅竭，洛陽之安慧，羅浮山之單道等，皆以醫療救人。同時，以寺院爲中心，建立藥藏，作施疹救濟事業。到了唐代，確立了養病坊的制度。

救濟貧民的事業，也非常盛行。唐代建立了悲田院的制度。飢饉之際，也有寺院僧尼的活動。南北朝時，寺院設有「無盡藏」這種質庫，以作爲民衆的金融機關。此外，尚努力於修橋，舖路，種樹，掘井，設住宿處等。南北朝時，寺院進到都市。莊嚴的佛像與金碧的寺院，成爲人民很好的安慰所。同時其法會之戲場化，更造成民衆親近佛教的機會⑳。

唯在這種社會實踐中，亦非如西洋般，出於自覺到作爲獨立個體的各個人的尊嚴而對之作社會活動的意識；而是出之於自己與他人，乃一體不二的意識。道家系統中，早經有「齊萬物爲道」的說法；莊子尊重「天均」即「自然之平等」；宋學如張子主張「民吾同胞，物吾與也」。中國古來傳統的思想系統中，好像還不曾從理論上充分自覺到自他對立的問題。但在隋唐時代之佛教教學中，則表現爲明白的理論的自覺。天臺宗認爲作爲利他行爲之根據的理，是「自他不二」㉛；所以「隨機利他」之事，才得以成立。在華嚴宗說「一卽一切，一切卽一」，其思想完全爲禪宗所繼承㉜。在印度，像法稱對他人存在所作的論證；或如近代西洋人所作的對他人而證明我之存在的哲學的議論，在中國沒有出現。

基於佛教慈悲的利他思想，不能從根本變更中國民族性。佛教與中國人固有的隱逸思想相妥協，以適合於此一思維傾向的方法來作佛教的受容宏佈。中國的佛教，大體是高蹈的，出世間的，從一般世俗社會隔離。寺院存于山林，故建寺稱爲「開山」。有名的大寺廟，多建於深山之中。佛教修行者，入山一面作共同生活，一面努力進修。念佛之行者，比較與民衆接近；然有名的念佛者，深閉山中的亦復不少。像天臺大師智顗和圭峰宗密這樣有名的學者，也棲隱山中，從事修養與學問。棲隱山林，獨樂寂靜，乃禪僧之理想。「君不見，絕學無爲閑道人。不除妄想，不求眞。」83日本道元從天童如靜那裡快回日本的時候，如靜教訓他道：「歸國行化，廣利人天。勿住城邑聚落，勿近國王大臣。僅居深山幽谷，接得一個半個，勿致我宗斷絕。」84

佛教徒自己以這種心情修行，中國一般人士，也以這樣生活爲清淨而加以讚嘆。唐詩中讚嘆寺院僧侶者，都是這種心境。例如：

題義公禪房　孟浩然

義公習禪寂，結宇依空林。
戶外一峯秀，階前衆壑深。
夕陽連雨足，空翠落庭陰。
看取蓮花淨，方知不染心。

以隱居林泉爲樂的生活態度，中國道家的系統中特爲顯著。老子以各事物「歸根」爲「靜」，謂之「復命」。關尹認爲應保持「靜如鏡，應如響」，「寂乎而淸」的境地；列子教人棄知慮分別，以成爲「靜」而「虛」。彭蒙，田駢，愼到三人皆主張「齊物棄知」，即是棄人間的是非判斷，視萬物爲平等，這種思想，在管子中也可以看出來。

這些思想態度也影響到中國佛教的形式。中國佛教，特重視禪定。天臺大師的實踐修行，可約集爲止觀行法。被視爲學問的佛教之代表的三論宗，也非常重視「觀」85。內觀的修禪的傾向，在禪宗特爲顯著。禪宗以心爲「法源」，主張心卽是佛。爲了「明心」，卽不得不修禪[86]。坐禪不僅是爲到達究極境地之單純手段，坐禪之本身卽是我們的「本源」。禪定是智慧的本體[87]。

禪宗強調的智慧，對於一般佛教也可同樣的說，卽是脫離自他的對立。「心境（對象）雙忘，乃是眞法。[88]」絕對者顯著乎無差別相之境地。「息念忘慮，佛自現前。」[89]這卽是解脫。而且僅由坐禪明心，始能得到解脫[90]。但這所說的解脫，也並非一定是指靜止的特別境地，對於禪的功夫很深的人，這是日日新的實踐的認識。這呼爲「向上一路」[91]，應該由學人自己體會的。

能自修行以明心的禪宗的思想態度，也使淨土敎有了變化。初期中國淨土敎中的某些人，還保持印度以來的相貌。例如善導所說的淨土敎，都是站在「指方立相」的立場。卽是，認爲極樂淨土，實際是存在于我們所住的西方。據說跟隨善導，在聽說「厭離穢土，欣求淨土」之敎的信徒中，有不少的人想從門前的樹枝投身前往西方。天臺大師智顗所規定的念佛修行，是要在各個心之中，看到圓滿的阿彌陀佛之相，然而，旣現世的，空想力又弱，並且重視內心寂靜的中國人之思維態度，使淨土敎也不能不發生變化。終至主張阿彌陀佛的淨土，在我們的心中。觀無量壽經中，謂阿彌陀佛的極樂世界，去此不遠；並非與此塵世遠離。極樂之姿，可以從我們的觀念中浮出。禪宗對此，作如下之解釋。「迷人念佛求生於彼。悟人自淨其心。所以佛言其心淨卽佛土淨。——使君東方人，但心淨心卽無罪。雖西方人，心不淨亦有愆。東方人造罪，念佛求生西方。西方人造罪，念佛求生何國？凡愚不了自性，不識心中淨土，願東願西。悟人在處一般。使居心地但無不善，西方去此不遙。若懷不善之心，念佛往生難到。」92而且根據《維摩經》主張「直心是淨土」。于是認爲「唯心念淨土，週徧於十方」93。宋代以後之佛教徒，專依此種見解。而且明代以後，禪淨（坐禪與淨土念佛）兼修，也不覺得有什麼大矛盾。

自己明自己之心，乃成爲修行之眼目，所以修行者應專靠自己，不可靠其他東西，連佛也不應倚靠。大珠慧海云：「當知，衆生自度，佛不能度。努力！努力！自修勿倚佛力。經云：夫求法者，不求著佛。」94於是，各個人自己面對着絕對者。因之，不承認媒介於個人與絕對者之間的教會，教團，或神性人物的這類權威存在。

三、（寺院）宗派之不成立

既是個人直接面對絕對者，不須要中間媒介之神性的的人物或教團之存在，所以中國的宗教，成爲無寺院宗派的性格。原來，現世的儒教，與國家權力結合，自己不要形成一個教團。道教也沒有作爲中央集權的統制團體的教團組織。佛教方面也可以看出同樣的情形。中國沒有像印度那樣遊方的沙門，皆住於寺院之中。然而，這些寺院之間，沒有宗派的區別95。僧侶各個人，只要守僧侶的戒行，便有止宿於任何寺院的權利。

現時中國的佛教界，各寺院相互間，無任何統制組織。政治上，也完全是放任狀態。天臺山是天臺大師確立天臺宗教義的聖地，應該成爲天下天臺宗之大本山。然而它和以天臺爲宗的各國寺院之間，並無本山，末徒的關係。連僧侶間的連絡也很少。嵩山少林寺，是達磨大師九年面壁的場所，是禪宗無比的道場，天下的禪寺，當然應仰此爲大本山。但實際則僅有有志者之朝拜，與其他寺院並無連絡。禪宗本來重師弟相承，但現在相互間並無任何連絡。

實際，在中國沒有成立統制寺院與僧侶的宗派區分。中國的寺院，不過是容納僧侶的建築物。所以宗派不同的僧侶，可以共起居於同一寺院之中。而且，寺院之主僧若係淨土宗，則寺院亦爲淨土宗。主僧若係禪宗，則寺院亦爲禪宗。所以同一寺院之宗派常常是移動的（當然也有例外）。因之，假使有宗派之別，也是以人爲主的；此與日本之以寺院爲主者大異其趣。現時中國的佛教，大體上，是包含融合古來諸宗派於禪宗之中。此一傾向，好像是從明末開始[96]。

四、道之普遍性

中國的佛教徒，否認作爲絕對者與個人之媒介體的教團或教會的權威，而只隨順着視爲絕對者本身的「法」或「道」。而且在此意味上，充分自覺到道之普徧性。國異而世俗的道德則同。一個思想體系，能具有超越歷史，並妥當於以後之時代的普遍意義。通往各宗教之道，也是普遍的。「道不能自鳴，假人而鳴。鳴雖不同，道則未嘗不同也。苟不同，不足以爲道。如仲尼之一貫，老聃之無爲，釋氏之空寂，人異道同，此其證也。況夫禪教兩宗，同出於佛。」[97]

此「法」乃位於佛之上。佛之權威，基於法始成立。「入我宗門，切須在意。見得如此，名此爲法。見法故名之爲佛。」[98]禪僧丹霞，燒掉木製的佛像，此故事乃警戒將佛視爲偶像，而埋沒了存在於佛背後之法的意義。又淨土教念阿彌陀佛，教人「一心不亂」者，現時中國

人解釋爲，這實亦念眞如之意。中國的佛教徒終於重視法的權威遠勝過孝的道德，所謂「父
母七世、師僧累劫、義深恩重」，尊敬師僧，並非作爲特定之人而尊敬之，乃是因其具現佛
法於其身的這層資格，故從而尊敬之[99]。圭峰宗密，僅教中下根的人依賴師匠。這一點，與
日本之專強調對人的歸依，恰恰相反。

因爲如此，所以中國的佛教徒，雖未結成政治統制性的宗教團體，然因自覺到絕對者之
法的尊嚴，故極重視戒律，以遵奉戒律爲一切善行之根本[100]。今日中國之僧侶，依然能守持
戒律。不守戒律者不能得中國一般人的尊敬。在俗的居士，也一樣的持戒不懈，此與日本之
佛教界，雖認眞地實行宗派性之政治，經濟的統制，却不守戒律，恰恰相反的。

守持戒律，不是僅僅苦行或過禁欲生活之意味。中國的高僧們，排斥單純的苦行。賢首
大師法藏讚嘆《梵網經》所說的菩薩戒說：「若人捨棄此戒，雖居山苦行，食果服菜，亦與
禽獸無異。」[101]排斥苦行的這一點，在禪宗也是同樣的[102]。此乃在實現法之意義上，重視遵守
戒律。

重視作爲個人的人的意義，站在個人實現法之立場，自然排除身分階級的區別。任何人
入教團也不應拒絕。近世的中國佛教，顯著的帶有平民的性格。而且，在過去廢佛的時代，
上流階級之良家子弟，反不入寺院。今日還是一樣。僧侶主要是來自文盲之社會層，尤其是
來自農民與小市民層。佛教在身分階級上的平等主義，一面得到中國人強烈之共鳴，一面也
未能打破中國社會傳統的根深蒂固的身份倫理的觀念。

第八節　重視身分的秩序

一、倫理的性格

中國思想，自古以來，重視在人倫中的秩序。中國思想之特徵在於其爲「倫理的」[103]。中國一般意味的「學問」，不是關乎自然的諸科學，而是倫理的諸科學。然而中國之所謂「倫理」的內容意義，和西洋人或基督徒們自稱其思想爲「倫理的」者，存有顯著不同的特性。下面，試就中國人的思維方法之倫理性格，到底是甚麼加以檢討。

首先，好像沒有充分意識到自然現象與人的行動之區別。中國人覺得人具有宇宙性的力，而宇宙是依存於人的行動。認爲自然力與觀念的本質，就像是同一實在之兩個樣相。

還有，重視人倫秩序，使個人沒入於人倫秩序之中，結果致使對個人與其所屬的人倫組織之間的區別，沒有充分的自覺。關於個人與人倫組織的關係，中國佛敎，提供了一個有興味的事例。所謂「僧」者，乃「僧迦」（Sangha）之略，是指佛敎敎團而言。相對的，屬於敎團的個人，則稱爲比丘（Bhikkhu, Bhiksu），兩者是有判然的區別。然而在中國，則本是作爲敎團用的「僧」字，也成爲修行者個人的稱呼。把修行者個人稱爲「僧」，在印度是完全沒有，而僅在中國出現的。從印度歸來的義淨三藏，記有這種事情[104]。然而中國一般的佛敎徒，皆知道此一事實，但依然主張自己的用法是正當的[105]。日本人也繼承了這種觀念。

還有，因爲中國人重視人倫秩序的緣故，所以在人與一般生物之間，劃出一截然的區別。「禽獸」一語，乃用作含有輕蔑之意。認爲人之所以爲人者，在於能守人之道。韓退之更把夷狄與禽獸概括爲一類，從人中區別出去。這與印度人的想法完全不同。印度人，把人與動物都包含於「生物」（衆生有情 Sattva, prāṇin, dehin ）這一概念中。認爲在苦惱迷惘於欲望的這一點上，人與動物無所區別。佛教入中國後，自然還是從中國的見解。圭峯宗密以人爲「三才（天地人）中之最靈」，僅人「合於心神」[106]。賢首大師法藏，也說修行者不守戒律，卽等於禽獸[107]。發源於印度之佛教，傳到中國，自然改合於中國的人倫觀。

二、關於行爲的形式主義

中國古代的倫理思想，不待說，是集約爲「體」的觀念。周公以來，從周室傳到魯國的政治社會習慣的總體，孔子稱之爲「禮」。而且是希望有一天得以實際施行的理想制度。孝悌在孔子所說的道德中是最重要的；然而所謂孝悌，實是順體以事親事兄之謂。孝悌是根本的德目，進一步加以普徧地推廣，則人之一舉一動，皆不可不中禮。非禮勿動，乃其理想。並且希望人隨禮而動，則政治，道德，一切皆保持調和，由人之自然的感情，而形成渾然調和的生活。此種生活態度卽是「仁」。禮之教義，爲後來儒家所奉行。及至漢武帝聽董仲舒之議，定儒術爲一尊，於是禮之觀念，成爲中國社會的基本道德。

重視禮之傾向，容易轉落於行爲的形式主義。此在儒學方面，已屢有指摘，此處無特別提及之必要。在佛教的容受形態上，也可以看出同樣的傾向。正如前所指摘，古代中國的佛教徒是很嚴正持守戒律的。

下面的故事，可說是表示中國佛教徒如何的嚴守戒律之一例：

廬山慧遠重病危篤時，衆僧請慧遠以豉酒治病。然彼謂「律無正文」，不受。次請飲米汁，然已過正午，未飲（印度戒律規定出家修行者過正午不能食）。次請和蜜於冰爲漿飲之，然爲知此果爲戒律所許否，「乃命律師令披卷尋文，得飲與不，卷未半而終」[108]。日本的富永仲基對此批評謂：「是不以死生變其塞，可謂能守律。然以日已過中，米汁亦不能飲，是亦陋矣。」[109]

對於行爲的這種嚴肅主義的態度，以後遂得成立律宗。義淨三藏，冒生命的危險，遠赴印度，其主要目的是爲了明瞭戒律之規定。近代中國的佛教多半是禪宗。然關於行爲之形式主義的精神，並無所虧損。可稱爲禪林戒律的「清規」，相傳係百丈懷海（七二〇—八一四）所制定的。對禪院日常生活細微之點，也加以規定。後世禪師中，雖亦有行爲放恣之輩，但相對地行持綿密，連言行之末端也非常注意的風氣，還是依然存續下來。

三、重視身分的優越性

禮的道德，重視身分階級的秩序。首先，孔子的道德，在於爲了士大夫的身分。士大夫者，政治上是統治階級，文化上是知識階級[110]。孔子的教說，是以支配階級的社會身分的優越性爲其前提的。僅強調在下位者對於上位者片面的服從。其後，這種思想，無論任何一個王朝的時期，也都由國家權力加以支持。實際，儒教道德，是扮演了擁護權力者之地位與權勢，而使其要求正當化的角色。中國社會全體，自古即是基於身分差別的秩序構成，所以這種思維形態，好像容易爲一般民衆所接受。

這種身分社會秩序的觀念，其影響甚至及於日常言語表現的末端。例如，從代名詞看，帝王自稱曰「朕」，諸侯對臣民自稱曰「寡人」，自己有凶服則曰「適子孤」，鄰國有凶服則僅稱曰「孤」，對於天子則自稱曰「臣」[111]。女子第一人稱的代名詞，也與這作同樣的規定。第二人稱代名詞也是一樣。「陛下」、「殿下」、「閣下」這種話，已經從漢以來便在使用的。對於人死的這種普偏現象，也隨人的身分不同而用語各異。副詞也有其他語言所無的「表敬副詞」之一類，「尊人的」則有「辱」、「惠」、「幸」；「自卑的」則謂「伏」「竊」、「忝」[112]。

傳到中國這種社會的佛教，本是主張萬人平等，忽視階級身分區別的。這種思想，不僅無法與儒家乃至支配階級一般的身分倫理說相一致，甚至難於妥協。所以儒者指佛教是破壞人倫，而大加論難。然而中國的佛教徒，却與本來的佛教說相反的，依據中國人的身分倫理之說，以主張佛教之優越性。即是，認爲身分不過是小官吏的老莊之說，當然趕不上王族出身的釋尊之教。天臺大師智顗，曾作如下之主張：「佛跡世世是正天竺金輪刹利（可爲金輪聖王之王族）。老莊是眞丹（震旦）邊地小國柱下書史，宋國漆園吏。此云何齊。」[113]「如來定爲轉輪聖帝，四海顒顒待神寶至。忽此榮位，出家得佛。老仕關東，恪小吏之職，墾農關西，惜數畝之田。公私急遽，不能棄此。云何言齊？」[114]嘉祥大師吉藏，也作與此完全相同的議論，並且還說如來有帝王或支配者之威嚴，老莊則無有此：「如來行時，帝釋在右，梵王在左；金剛（力士）導前，四部（比丘，比丘尼，在俗男女）從後，飛空而行。老自御薄板青牛車，向關西作田，莊爲他（人）所使，看守漆樹。如此舉動，復云何齊。」[115]

天臺嘉祥兩大師，可說是中國佛教之組織者。但若不順應此身分的觀念，即不能使一般中國人欽服接受。

所以佛教雖這樣的浸潤於中國，但不能變更中國人一般的身分秩序之觀念。佛教給宋學以支配性影響，但這僅止在不損害到儒教身分倫理之範圍內。程伊川依張子之思想，說「理一分殊」。他認爲若僅強調「理」的這一面，則成爲墨子之兼愛，無父子之義。反之，若僅說「分殊」之一面，則將墮於楊朱的利己主義而失仁。立脚於分殊，推及於理一，可確立儒家之仁道。程伊川對於華嚴哲學，有相當深刻的理解，並受其影響，但他僅止於理事無礙觀，沒有達到究極的事事無礙觀。這或許是因他覺得爲了說明儒家之道德，事事無礙之思想，是有害無益的⑯。

四、重視家庭關係

還有，中國的道德，是以家族爲中心的。在中國家族生活幾乎就是生活的全部，因而規定家族成員間之人倫關係的道德，便是道德的全部，不承認家族關係之外另有道德。此一道德就以孝的德目做爲表現的頂點。再說，儒教的道德，畢竟是支配階級據自身階級立場所成立的，因此「修身齊家」才得引伸而及於「治國平天下」的國家統治。

這種以家族爲中心的道德，使從外移入的佛教，有何種改變呢？首先，佛教教團，爲了適合於中國社會，採用血緣團體的擬態。教團作爲「家」表象出來，呼爲「佛家」。特別是佛教中國化而使成立了禪宗教團，於是禪林行爲之規範（清規），一般稱爲「家風」；作爲清規運用之特殊形式的小參，也以「家訓」之名呼之。而且只因爲是佛祖的家風，所以不能順從修行⑰。

對一般世人，不能不說「孝」的道德。然而在印度佛教中，相當於中國孝的觀念並不存在。漢譯佛典，在挿入「孝」之文字的地方，經查原文對照，並沒有與此相當的術語。卽是，這係中國的翻譯者所附加的。當然，佛典中，也說了不少相當於孝的德目。但這都是使用「服侍父母」，「愛父母」這種冗長的表現。對於悌，也可以同樣的說。而且，在佛典中，相當於孝悌的德目，是和其他德目並列、當作同等價值者來敍說。並沒是特別重視的傾向⑱。因之，佛教所說的家族道德，對於中國人並不能完全適合。而佛典中又沒有中國意味的孝的道德，中國佛教徒沒有辦法，便只好僞造教孝的經典⑲。於是有《父母恩重經》一卷、《大報父母重恩經》一卷的出現。這都是說父母生育之恩的廣大，強調報恩義務。此兩經典，普及於中國及其周邊諸國，不僅常爲有名的學者所引用，且出有許多註釋書。

以家族爲中心的道德，重視祖先崇拜的儀禮。佛教移入中國後，因有破壞這種家族的道德，而受到儒者的激烈論難。北宋之儒者邵雍（一〇一一—一〇七七）謂：「佛氏棄君臣父子夫婦之道，豈自然之理。」（印度之婆羅門教徒也以此非難佛教）而且印度佛教所說之孝，僅主張在雙親生存之間，應尊敬侍奉。雙親死後則各隨雙親之善棄或惡業而到天堂或地獄，幾乎沒有說到死後供養或祖先崇拜之事。所以這便很難使中國一般民衆接受。

因此佛教還是不能不順應中國一般人崇拜祖先的信仰。其最好之一例，卽盂蘭盆會的習俗。所謂盂蘭盆（Ullambana）者，是在僧衆夏安居終了之七月十五日，爲現在的父母及過去七世的父母，備飮食五果，供養十方僧侶，以解除父母之苦的禮儀。由供養僧侶之功德以除父母之苦的思想，原來在印度也有。但，是否印度也擧行盂蘭盆會，不很清楚。然在中國則看作非常的重要。自梁武帝大同四年在同泰寺首次作此法會以後，便廣行於民間。甚至說因作盂蘭盆會而「可入佛之最上乘」⑫。敎盂蘭法會者為《盂蘭盆經》。這一經典在印度不曾發現其存在，在中國則有許多的註釋。

恐怕也是根據中國重視家族人倫秩序的思想吧。違反中國以家族關係為基本的人倫秩序的男女關係，是嚴被禁遏的。戀愛在中國與其看作是魂的問題，毋寧是看作肉的問題。《詩經》中雖有若干戀愛詩，然儒者不承認戀愛在精神上的意義。後世儒家對戀愛詩也賦以與原意不符的道德的解釋。此種傳統的見解，也規定了佛敎容受的形態。印度佛敎末期所成立的密敎，受了當時俗信的性力派（Sākta）的影響，含有許多淫猥的要素。甚至敗壞風俗的秘儀也借佛敎之名以行之。然中國雖移入了密敎，但並未接受此種秘儀。密敎經典中有某些是象徵的表現性的東西，宋代雖也有漢譯，然在中國沒有發生惡影響。中國人雖大規模接受了密敎咒術的一面，但未接受性的淫猥的一面。

所以在中國所尊崇的諸佛菩薩中，絕無左道旁門的東西。西洋學者中，雖有認為崇拜觀音菩薩與崇拜聖母之間，有其類似性，因而認為此處受有印度性力派的潛在要素。然不論心理學上作怎樣的解釋，崇拜觀世音菩薩的諸經典中，看不出有性力要素的痕跡，而且中國人認為肉體是醜的東西，靠衣服為遮飾㉑。所以以衣服為束縛，崇拜全裸體象的耆那敎徒的習俗，畢竟沒有為中國所容受，也沒有新的創立。

第九節　尊重自然之本性

一、隨順自然

僅注視於能夠具象底感覺得到的領域，而且覺得萬物僅因人而存在的這一思維傾向，自然尊重存在於人之中的自然理法。中國自古以來卽存在的「天」之觀念，原本就是在和人密切關連之上所想出來的[122]。從周初詩人之詩看，認爲天是生人的，天是人之祖先，同時又規定人應常常遵從的道德律賦與之[123]。孔子承受此一思想，他很重視「知天命」；這是順從由天所賦與，而爲人所具備之道德性的事情[124]。在以孔教爲國教，本孔教以政治的古代中國，係基於自然法以制定實定法，致使一部份近代西洋非常地感激。西洋自然法的觀念，與中國古代自然法之觀念，有那些不同，那是另一獨立研究的課題。然兩者之間，存有類似點，則是毫無疑問的。

應該順從人之本性的主張，在與孔子稍有不同的意味上，古代中國其他的學者，也存有這種想法。墨子認爲統治者應行天之所欲，不行天之所不欲，服從天之意志以實行兼愛。老子極力主張人道在於順隨天道，故人道之根本卽是天道。楊朱主張人之本性唯食色之欲而已，所以不爲他人謀，亦不害他人，僅滿足自己之欲卽可。「從心而動，不違自然。」孟子謂人性皆善，誘於物始有惡，敎人應勤修養以發揮本性。莊子主張全性；其末學甚至說復性。王弼強調「反本」。唐代李翺繼承中庸的思想，著《復性書》，說人性之善而靜；此一思想，在宋學得到大規模的發展。性的概念，不待說，居宋學的中心地位。「順自然之性」的主張是中國思想史一貫的長流。

佛敎被容受以後，也流入此一大流之中。佛敎徒反對向外求道，極力用力於內觀。禪宗，是中國古來之思想，以中國的表現法所表明的佛敎。「萬法齊觀，歸復自然。」[125]而且對於人之迷或悟，都解釋爲自然之本性，卽是「自性」之動向。「心卽地，性卽王。性在王在，性去王無。性在身心存、性去身心壞。佛是自性之作，不可向身求。自性若悟，衆生是佛。自性若迷，佛是衆生。」[126]作爲我們身心之原理的「自性」，或悟或迷的自性——作爲這樣的自然之本性，是印度佛教徒所無法想像的。一部分中國學者，以此爲受了道家的影響[127]。但這恐怕是中國人傳統的觀念在禪宗中所展現的形態。

不過，要等佛教徒容認中國傳統的自然主義，還必需得經過相當複雜的反省思索的過程。嘉祥大師吉藏說[128]，——中國的哲學思想（尤其是老莊）把作爲現象之萬有，和作爲本體之太虛，看作是各別的東西。「未卽萬有爲太虛。」然而在佛教，「不壞假名而說諸法相」[129]。卽是承認現象，現象卽是絕對者之顯現。所以老莊之學，「尚未能卽無爲以遊萬有」。不能在現象世界的實踐生活中，認定絕對的意義。但佛教則「不動眞際，而建立諸法」。卽是能立於絕對之境地而建設現實的生活。此一論難是否恰當，固尚有問題。但嘉祥大師，是向着肯定現實界，承認人的自然意義的這一方向，站在此一立場而立論，則是可以斷定的。天臺宗或華嚴宗，使此一立場更爲徹底。天臺宗說事與理非二，兩者相卽融通。事卽是理，所以才是「一色一香，無非中道」。個個現象之姿，卽是絕對。華嚴宗更進而說事與事之相卽相入。在事與事無礙圓融的關連中，存在着絕對的意義；此外；無所謂特別的「理」。由各種不同之形之顯現，這件事本身卽是「性」（性起之說）。

像這樣，肯定現實界的思想愈徹底，而且抽象的思辨愈退潮，其結局是，現實之自然世界就此作爲絕對者被加以肯定。到了禪宗，對于絕對者是什麼的質問，常答以「庭前柏樹子」，或者「麻三斤」。蘇東坡有「溪聲便是廣長舌，山色豈非淸淨身」之詩。「柳綠桃紅」也是同樣的意趣。自然主義的傾向，遂至把天地間之事事物物，都視爲大道之表現。

當然，對於輕率的自然主義，禪宗本身之中，也發生反撥。例如大珠慧海說：「迷人不知法身無象，應物現形；遂喚靑靑翠竹[130]，說是法身；鬱鬱黃華，無非般若。黃花若是般若，般若卽同無情。翠竹若是法身，法身卽同草木。人如喫筍。應爲喫一切法身。如此之言，何堪齒錄。」[131]

然而，一般人却安於視單純的自然爲絕對。而且天臺宗遂說「草木國土，悉皆成佛」。存於自然中的物體，開悟卽能成佛。一般的說，中國思想，有將自然看作至高至美的傾向；有將人與自然物看作一樣的傾向。這一傾向，終竟也就此規定了佛敎思想。

因之，中國的佛敎徒（尤其是禪宗），要在日常平凡的生活中，看取絕對的意義。「欲趣一乘，勿惡六塵。六塵不惡，還同正覺。」[132]「趙州問：如何是道，泉（南泉）云：平常心是道。」[133]「僧問：如何是平常心？師曰：要眠卽眠，要坐卽坐。僧云：學人不會。師曰：熱卽取涼，寒卽向火。」[134]

所以悟後的境地，是與現實的世界無所異。「江月照，松風吹，永夜淸宵何所爲。」[135]「春有百花秋有月，夏有涼風冬有雪。不將閒事掛心頭，便是人間好時節。」[136]還有，「日日是好日」[137]，也是同一思想的一般地表現。

悟的境地，僅從外面看，與以前的境地，在外觀上並無所異。例如下面的問答，使人印象極深，透露出無限的餘韻。——僧問：「如何是佛？」師云：「殿裡底。」僧云：「殿裡者，豈不是泥龕塑像？」師云：「是。」僧云：「如何是佛？」師云：「殿裡底。」[138]

但是，外部的狀況縱無稍異，然得悟以前與得悟以後，精神上不能不是兩樣。有人問何謂道，香嚴智閑禪師答謂「枯木龍吟」，「髑髏裏眼睛」[139]。枯木並非枯乾死物。在看來好似無價值無意義的東西之中，絕對之光在活動，體得眞理者之活動，生動活潑地表現出來。禪僧以印象的事例，作詩的表現。

將自然或現實加以絕對化的結果，中國人懷抱着典型的 Optimism（樂觀主義）。這也成爲樂天主義，認爲現世是好的。並且認爲完全的東西是在地上。於是「聖人」的觀念遂以成立。所謂聖人者，是周公孔子這種人，是完人。聖人不是神，徹底是人，而且是道的本身。在藝術方面，王羲之被稱爲「書聖」，杜甫被稱爲「詩聖」，將之當作是藝術領域上道理的至善顯現。到了魏晉時代的「無」的思想，把生成者或一者之概念，也與聖人或至人之概念相混同。至人因爲把握了無（道），所以使一切的現象成爲現象，使一切之人各得其正。

二、天人相與的關係

與自然思想相關連，所以順便說及「天人相與的關係」。戰國時代，陰陽家倡導一種自然崇拜思想；此思想之殘渣，很強力地殘留於漢代生活之中。其說法是：自然現象與人事現象，是互相關連的。人之代表者的君主，若行善政，則自然現象也有秩序，即是說自然秩序也適應於人之秩序而風調雨順。反之，君主之行爲不正，也反映於自然現象而發生災異。主張此事最力者爲前漢之董仲舒。認爲天災地變，都是天所以警告君主的。

這種思想，對於中國後世也有相當的影響。容受佛敎之際，特別重視說災異的經典。《金光明經》乃其典型。此經之第十三章正論品，詳說國王若不守法，卽會招致可怕的結果。卽是，國內多虛僞與鬪爭，宰相及群臣對國王將有不法的行動。而且干神怒，起戰禍，敵來侵略，國土被蹂躪。家族分離，人無樂事。不僅如此，自然現象也呈變態「吹異樣之風，降異樣之雨，星宿日月失常。穀物花果種子不熟。起饑饉，諸天不喜」。故國王必須以捨棄生命與王位之覺悟，實行守法的政治。因國王行惡政而發生天災地變的事，在佛典，可算完全是例外。但中國的佛敎徒，特將此例外視爲很重要。此經典有五種漢譯本。在中國並很盛行由此經而來之金光明懺法。註釋書也非常之多。

而且由印度來到中國弘法的歸化僧，也作適應於中國人此一思想形態之說法。例外求那跋摩這樣的敎宋文帝：「帝王以四海爲家，萬姓爲子。出一嘉言，女士皆悅。布一善政，人神以和。刑不夭命，役不勞力，使風雨適時，寒暖應節，百穀滋繁，桑麻鬱茂。」

第十節　折衷融和的傾向

一、存在者之絕對的意義

自然之現實旣如實全被肯定，卽不再存有任何可否定的東西。此種思維方法，在中國很早便已存在。說中國人以《五經》爲道理之本身。但其他書籍，在某種意義上，雖不盡完全却認爲也表現了道理。已如前述，中國人認爲完全的東西是在地上。認爲某一東西是完全的，其他的東西是不完全的。但認爲沒有絕對應該加以否定的。對中國人而言，有絕對應該肯定的，却沒有絕對應該否定的。

因此，中國沒有「絕對惡」的這種想法。人的一切生活，都在某種意味上加以容認。有人認爲中國倫理思想之弱點在於缺乏對惡之起源的說明。但旣沒有絕對惡的這種思考，則缺乏惡之起源的說明，乃是當然的。

此種思維方法，對中國佛教的形成也有影響。特別是在天臺教學的「十界互具」的教理中，很明顯地表現出來。所謂十界者，卽地獄，餓鬼，畜生，修羅，人間，天上，聲聞，緣覺，菩薩，佛等。前六者屬於迷界，後四者屬於悟界。然十界中的每一界，都互相具備十界。所以地獄的衆生也可以成佛，佛或因緣亦能成爲迷界的衆生。世中無絕對的惡人，亦無絕對的善人。不能有永遠的賞罰。

到了中國的禪宗，捨棄了天臺宗等煩瑣底思辨或分類癖，直接了當地表明如右述的道理。「眞如自性是眞佛。邪見三毒是魔王。邪迷之時魔在舍，正見之時佛在堂。性中邪見三毒生，卽是魔王來住舍。正見自除三毒心，魔變成佛眞無假。」⑭⓪在這裡，是魔佛一如。

所以就中國人一般而論，不可救藥的極端惡人是不存在的。因之，此一觀念，也使從印度來的淨土教也爲之變貌。無量壽佛之第十八願，在日本淨土教中是非常被重視的。其內容如下：

「設我得佛，十方衆生，至心信樂，欲生於我國，乃至十念，若不生者，不取正覺。惟除五逆誹謗正法。」

法藏比丘，立此誓願，修行成佛，呼爲無量壽佛者（阿彌陀佛），現在是在西方極樂淨土，所以信此誓願念此佛的人，皆可得救。惟此處有「五逆與誹謗者除外」的但書。這從中國的人性觀來看，是很難理解的事。不論如何，壞到無法得救的惡人是不存在的。（殺父、殺母、殺阿羅漢、妨害教團的和合、傷害佛的身體，普通謂之五逆。」所以中國的善導，說明附加但書之理由如下：「四十八願中，似除謗法五逆者；然此之二業，其障極重，衆生若造，直入阿鼻，歷刧周障，無由可出。但如來恐其造斯二過，方便止言不得往生。亦不是（阿彌陀佛）不攝（此極惡之人）也。」[141]若問惡人善人，何故皆得往生淨土。蓋「彌陀因地世饒王佛所，捨位出家，即起悲智之心，廣弘四十八願。以佛願力，五逆與十惡，罪滅得生。謗法之闡提（斷善根之人），廻心皆往」[142]。

二、一切異端說之承認

設若對任何人皆承認其生存之意義，那麼也就是承認各個人之思想都含有某種程度之眞理。但在最古代，這樣的反省尚未發生。孔子也說「攻乎異端，斯害也已」。然而一般中國人，則已如前述，對五經以外之書，雖認其爲不完全，但覺得也多少可表現某一點道理。其結果，在中國，最尊重博學。爲成爲更完全的人，自五經開始，讀更多的古書，實爲必要[143]。

既承認《五經》以外之書，有某些眞理，則對外來思想，當然也不能一概加以排斥。尤其佛教是以一偉大的思想體系迫進於中國，故其喚起中國人的注視與驚嘆，則一點也不奇怪。速度雖然緩慢，但佛教畢竟是浸透進中國的人心。中世的中國人，一面以儒教古典之五經爲道理之所在而加以尊崇，同時信仰佛教，也不覺其有何矛盾。

佛教思想之理解，最初是以折衷融和的方法行之。首先表現出來的，即是所謂「格義」的方式。以《老》、《莊》、《周易》來說明佛教教理的學風，謂之格義。在容受佛教之初期，特別翻譯了般若經典並加以研究，般若思想，有與老莊思想相近似之點，所以當時的佛教學者，也採取妥協的解釋，把《般若經》所說的空，和老莊所說的無，視爲相同，附會於老莊之學，以說明般若經的思想。這當然也受了魏晉時代，老莊與清談盛行的影響。一直到道安前後的學風大概都是如此。

對於此種學風，佛教內部也出現了反對論。例如嘉祥大師吉藏，排斥將佛老視爲同一的見解，對他來說，儒教與老莊之學，是印度所謂外道的「外道」[133]。儒教與佛教，其實踐道德論完全相反的情形不少。所以引起了最深刻的爭論。

然而這樣的反對論，不易動搖中國人的傳統的思維方法。首先，作爲儒佛妥協之說終至出現了儒佛旨趣相同的主張。在孫綽（東晉）的《喻道論》及顏之推（北齊）的《家訓》中，已經有儒佛一致的思想。對於由佛教看來，應該是異端的儒教，天臺大師智顗，不但承認其權威與存在意義，且以儒教所說的五常，相同於佛教所說的五戒；並認定五常與五戒之間，有對應的關係。

「然施法藥，凡愚本自不知；然皆是聖人托跡同凡，出無佛世，誘誨童蒙者。《大經》（《大般涅槃經》）云：『一切世間外道經書，皆是佛說，非外道說。』《光明》

（《金光明經》）云：『一切世間善論，皆因此經。若深識世法，卽是佛法。』何以故？束於十善，卽是五戒。深知五常，五行，義亦似五戒。仁慈矜養不害於他，卽不殺戒。義讓推廉，抽己惠彼，是不盜戒。禮判規矩，結髮成親，卽不邪淫戒。智鑒明利，所為秉直，中當道理，卽不飲酒戒。信契實錄，誠節不欺，是不妄語戒。周孔立此五常，為世間法藥，救治人病。又五行似五戒。不殺防木。不盜防金。不淫防水。不妄語防土。不飲酒防火。又五經似五戒。禮明撙節，此防飲酒。樂和心防淫。詩諷刺防殺。尚書明義讓防盜。易測陰陽防妄語。此等世智之法，精通其極。無能逾，無能勝。咸令信服而師導之。」[145]

又將佛教所說的戒、定、慧等三字。比擬於儒教的德目。

「如孔丘姬旦，制君臣，定父子。故敬上愛下，世間大治。禮律節度，尊卑有序。此扶于戒也。樂以和心，移風易俗。此扶于定。先王至德要道，此扶於慧。元古混沌，未宜出世，邊表（衆生）之根性，不感佛興。我遣三聖，化彼眞丹（＝震旦）。禮義前開，大小乘經然後可信。眞丹旣然，十方亦爾。故前用世法而授與之云云。」[146]

與儒教一致論之同時，道佛一致的思想也繼續存續。宋明帝泰始三年（四六七），顧歡者《夷夏論》，從道教的立場排斥佛教。當時許多人士，對此多著書反駁。其中最有力者爲佛道係同一旨趣之說[147]。相傳南齊的道士張融，左手執《孝經》、《老子》，右手執《小品般若經》、《法華經》而逝。

將儒佛一致論與道佛一致論加以綜合，遂出現了儒佛道三教一致說。此一思想，倡自唐代之佛教家。圭峯宗密謂：「孔、老、釋迦，皆是至聖，隨時應物，設教殊塗。內外相資，共利群庶。」但他認爲儒道二教是「權」，是「迷執」，終歸依然應加以排斥[148]。然而在同時代禪宗的其他人們中，已視三教爲平等。「問：儒佛道三教同異？師云：大量者用之卽同，小機者執之卽異。總由一性之上起用。機見差別成三。迷悟由人，不在教之異同。」[149]佛教徒已經拋棄了佛教之優越性。

到了五代趙宋，三教一致說，更盛行於世間。五代宋初之陳摶，先倡三教調和之說，張商英之《護法論》，李綱之《三教論》，皆主張三教不二。劉謐的《三教平心論》，雖係反駁歐陽修的，但也略述三教之調和。程子門下之楊龜山謝上蔡，也站在儒佛一致的立場。在佛教方面，主張三教一致的也漸多了起來。尤其是禪宗僧侶之間。孤山之智圓，明教大師契嵩，皆以三教在結局上係說同一的趣旨。大慧宗杲，無準師範，也懷相同的思想[150]。到了明代，袾宏、德清、智旭等，皆係儒佛調和思想之主倡者。不僅如此，元代以後，回教傳入中國時，回教徒將其阿拉（Allah）之神，與儒教的天視爲同一[151]。

然則這樣的主張如何能夠成立？大概認爲宇宙根本的「道」是一；以不同之形表現出來，或爲儒，或爲佛。「道與佛逗極無二，寂然不動。致本則同，感而遂通。達跡成異。」[152]大覺懷璉言：「如天有四時，循環生成萬物；聖人之教，迭相扶持，以化成天下。至其極則有弊；然弊者其跡，道一而已。」[153]契嵩也同樣的說：「夫聖人之教，善而已矣。聖人之道，正而已矣。……不必僧，不必儒。不必彼，不必此。彼此者情也。僧儒者跡也。」[154]因此可以說任何思想體系，皆有其存在的意義。「古之有聖人焉，曰佛，曰百家。心則一，其跡則異。夫一焉者，皆欲人爲善者也。異焉者，分家而各自爲其教也。……方天下不可無儒無百家者，不可無佛。虧一教，則損天下之一善道。損一善道，則天下之惡加多矣。」[155]又，儒者李屏山，也對于種種異端的哲學思想，皆承認其存在之理由[156]。

這裡，儒者佛家，對於其他思想體系，都承認其與自己的思想體系有同等的意義。當然也有許多反對此種見解的主張。但上述之見解，在很長的時間依然繼續着。

三、佛教內部的融合主義

在現實世界中的一切哲學的異說，既都容認其存在意義，則在某一特定宗教內，例如佛教內部的各種異說，也非容認不可。對於佛教內部各種相異的思想，皆附與以存在意義的嘗試，所應先加以考慮者，即中國佛教的教判（或稱教相判釋）。

這是通過了非常複雜的發展過程。但其共同的基本態度，則爲對於聖典內部種種對立的問題，印度人所作的解決方法。其解決的原則是方便思想。因爲，這本是印度的思維方法，而在中國土壤，所發育生長的，故可以說是印度哲學之延長。因此依然具有印度世界觀之特徵。譬如忽視歷史性，即爲其一例。然而中國教判所處理的範圍，僅限於佛教的內部。此態度在天臺、華嚴、三論、法相等宗皆係共同的。

尤其是三論宗之根本立場，在於破邪顯正，故對於佛教以外的思想，例如儒道的思想也相當的談到了。但也僅是攻擊其他思想，看不到對其他思想的妥協容受。其一切主張，盡在佛敎較其他思想爲優的這一點。其立場是破邪卽顯正，尙未到邪卽正的境地。因此，其敎判雖立根本法輪，枝末法輪，攝末爲本法輪的三種敎法；其中並不含有印度之外道與中國思想。

中國人不喜歡順一定的法則以作秩序的考察。因此，對於佛敎內部各種不同思想，以批判的態度，作秩序的考察的，到底都是出於學者們的工作，對中國的一般佛敎徒而言並不很適然。所以產生了棄論理的思辨，對任何思想都輕易加以肯定的傾向。於是成立了輕易的妥協，和折衷主義。圭峯宗密所倡的敎禪一致論卽其一例。他慨嘆當時的佛敎徒，「各自開張，以經論爲干戈，互相攻擊」，「諸方敎宗，適足以起諍，後人增煩惱病，何利益之有哉」[157]。他強調佛敎內的諸宗，應該「和會」。「至道歸一，精義無二。不應兩存。至道非邊，了義不偏。不應單取。故必須會之爲一，令皆圓妙。」[158]他將佛敎分爲敎宗與禪宗，更將兩者各分爲三種類。而結局則認爲歸於同一旨趣[159]。然則，在佛敎內部，各學者互相對立爭論的這一思想史的事實，應作如何解釋呢？據他的意見，認爲爭論是立論者互相打破反對者的偏見，以開示新的立場的，所以爭論不是相破而是相成。他對於哲學者們互相爭論的事實，而承認其卽係一個哲學。

對佛敎中任何敎法，都承認其有存在意義的思維方法，到禪宗特爲顯著。例如：律師、禪師、法師，是指在佛敎三學中（戒、定、慧）特別長於某一學的人的稱呼，有人以三者之優劣問大珠慧海。他答謂：「隨機（弟子的精神素質）授法，三學雖殊；得意忘言，一乘何異。」[160]禪宗認爲不是佛敎內的一個單純的宗派。「達摩之一宗」，卽是「佛法之通體」[161]。禪是「一切三昧的根本」，同時也是「同於佛體」的。所以它不與其他宗派的敎義相矛盾對立。不可執滯於一個敎法。應離開一方的斷定而爲無心。「第一，不得於一機一敎邊，守文作解。……我宗門不問此事。僅知息心卽休。更不用思前慮後。」[162] 在遠離了分別愛憎的境地，照耀着明澈之光。「至道無難，唯嫌揀擇。但無愛憎，洞然明白。」[163]

折衷融合主義，不僅是禪宗，在其他的系統中也有。到了宋代，淨土敎無獨立之修行者。淨土敎中有名的人，都是天臺，律，禪之修行者。明代佛敎之代表者雲棲袾宏（一五三五—一六一五），復興戒律，以此爲基礎，以融合禪與念佛。

《法華經》是作爲「經王」，在中國特被尊重[164]。恐怕也是基於這種思維方法。《法華經》思想的主眼之一，在於承認小乘的修行者也能成佛。其慈悲並也及於想破滅佛敎之提婆和八歲之龍女。此種寬容和恕的精神，大概很適合於中國人的思維傾向。

四、折衷融合主義之中國的性格

這種思維方法，好像和印度人以寬容和恕之精神，承認諸宗派之權威者相類似。但實際上則存在很大的不同。許多印度人，他承認諸宗敎諸哲學的各個存在理由，是覺得這些說明了部分的眞理，在超越了這些，包容了這些的境地，展開絕對眞理之立場；決非說諸宗敎諸哲學之旨趣卽是一致的。但中國人則僅說其旨趣的一致。

顏之推著《家訓》二十一篇，說儒敎之五倫五常，有同於佛敎之五戒。宋代之明敎大師契嵩，也以十善五戒，與五常仁義爲一體[165]。孫綽之《喩道論》認爲「周孔卽佛，佛卽周孔。

蓋外內名之耳。……佛者梵語，晉訓覺也；覺之爲義，悟物之謂。猶孟軻以聖人爲先覺。其旨一也」。對於佛教與道教，也認爲是完全相同的。「道是佛，佛是道。……泥洹與仙花，各一術也。佛號正眞，道稱正一。一歸無始，眞會無生。」[166] 於是這裡只有實利主義的妥協，而拋棄了理論的考察。

而且，爲說明同一之說，僅以直觀的譬喻爲滿足。例如爲了主張道佛之同一，而提示如下之譬喻，以見「致本則同」。「昔有鴻飛天，越人思爲鳧，楚人思爲乙。人自有楚越，鴻常爲一鴻也。」[167] 石門慧洪謁明教大師契崇之塔的詩，很有名的。其中有謂：「吾道（佛）比孔子，譬如掌與拳。展握故有異，要爲手則然。」[168] 又，或人問三教之優劣於李士謙，李答以「佛，日也；道，月也；儒，五星也。」[169] 並謂質問者再無法加以論難。日本之富永仲基批評此一答案曰：「時以爲至論，然其實無所當。吾不知其何意，更何有於至論。」[170] 眞的，李士謙之答，沒有與以何種秩序的合理的解決。然而，中國人卽以此爲滿足。而且，儒佛道三教，沒有經過深的論理的自覺而便融合了。

其中，也有人想決定三教之中，誰算是最根本的。三教不能經常視爲資格完全相同的東西。但卽使在重視三教中之某一教時，也不承認此一思想體系與彼一思想體系之間有理論上的，次元的不同；僅僅在歷史的意味上，主張自己所信奉者爲更古。以更古的東西爲根本的東西，這是基於尚古主義的觀念。例如道教徒作《老子化胡經》、《老子西昇經》等，以釋迦牟尼、文殊爲老子與關尹之化身；而佛教徒僞造《淸淨法行經》，說釋尊派三弟子於中國行教，其中之儒童菩薩是孔子，光淨菩薩是顏回，大迦葉是老子。這裡可以說只有本家之爭，而無理論上次元之別。

眞的，中國人曾漠然地構想到存在於三教根柢的所謂道的這種東西。然而他對此亦不曾表現出深的形而上學的考察。僅佛教徒中的某些人，根據佛教中的二諦說，以究極之道爲眞諦，多數對立之道爲俗諦。或者採用《法華經》上同樣的方便之說。也有以佛教是作形而上學的說明，儒教則係教導人實踐的方面的[171]。

中國人將三教對立的事實，並不作爲教說或思想的對立，而只作爲思想勢力之對立。因此，他們不可以種種類型的思想爲問題，而僅以社會上有思想勢力的三教爲問題。對於社會上無勢力的哲學思想，或屢出現於佛典中的印度其他思想，他們儘管知道其內容，也常存而不論。並且有時蔑視印度的哲學學說。中國佛教學者缺乏論理底反省，和富於政治性的妥協的最好的適例，可以舉天臺大師智顗的這一段話：「若觀心僻越，順無明流，則有一切諸惡教起。所謂僧佉衞世，九十五種邪見教生，亦有諸善教起，五行六甲，陰陽八卦，五經子史，世智無道名教，皆從心起。」[172]何以僧佉學派的形而上學及衞世學派的自然哲學是「惡教」？而五行六甲這種迷信是「善教」？這裡的所謂善與惡的區別，不是基於理論的基準，而是基於政治性的社會勢力的基準。這裡沒有批判，而只有對政治性的社會勢力之輕率的妥協。

關於諸思想的對立問題，中國常爲當時社會有力的思想所掣肘，作權宜主義的解決。因此，不像印度人站在普徧主義的立場去加以考察。印度人常不管學派的社會勢力如何，努力將各哲學思想作爲思想的類型而加以考察。在印度，唯物論幾乎不能成爲一個學派；而佛教自十一世紀以後也幾乎滅絕。但印度的世界觀學者們[173]，依然要常常顧慮到這些東西。這裡可以認出兩民族關於此問題的思維方法之各異。

因上述情形，所以在中國除了接受印度的思維方法，成立了內省的教判以外，沒有建立何種獨自的世界觀之學（Weltanschauungslehre）。

而且，在一般民衆間，流行着漫然的混合主義。混合主義（Syncretism）是中國近代宗教的顯著特色。折衷融合的思維方法表現得最淸楚的，莫過於「道院」，即道教的寺院。道院以先天老祖爲中心，添設許多的尊位。爲教化一般民衆，編纂了民衆性的經典，此卽《太上感應篇》、《文昌帝君陰隲文》、《關聖帝君覺世眞經》。這都是以因果報應之說，教人「諸惡莫作，衆善奉行」。佛教的倫理說支配了道教。

以上諸節所指摘的中國人思維方法之諸特徵，僅限於極重要，極顯著的，絕未盡其全部。然以上所指出的，應該可以斷定爲其特別顯著者。尤其是印度佛教中所完全沒有的許多特徵，在中國佛教中特爲顯著的場合，我們不能不認爲這是中國民族特有的思維方法。

附註

❶ Afred Forke: Geschte der neueren chinesischen philophie, S. 201.

❷ 佛教實際東來，爲後漢末之桓帝（一四七－一七六在位）時代。此時代主要僧侶的活動，限於翻譯經典。記述從後漢到梁的僧徒傳記的《高僧傳》（慧皎著），由後漢到魏，僅列有譯經僧。中國人自己進而從事於佛經之理解者，開始於魏末之朱子行。

❸ 以正確引以爲榮的玄奘三藏，也挿入了若干多餘的解釋。眞諦三藏，在唯識關係經典之翻譯中，也相常挿入了自己的解釋。

❹ 慈恩大師窺基，似曾參照梵本。例如：解釋《法華經‧方便品》的「無二亦無三」句云：「勘梵本云：『無第二第三。』今翻從略，故云：『無二亦無三。』」（《大正藏》，卷三十四，七一五頁中）並且主張佛乘第一，獨覺第二，本聞第三，不許菩薩乘之存在。現存梵本是Ekam hi yānam dvitiyan na vidyate trtiyan hi naivāsti kadāci loke ，所以從字句翻譯說，慈恩大師的解釋是正當的。他自身不懂梵語，當時有相當於《添品法華》的梵本，大概是問之於師玄奘三藏。然關於思想的理解，則慈恩大師參照梵本的天台大師，却反而和《法華經》更有距離了。

❺ 《法華玄義》一下（《大正藏》，卷三十三，六八六頁下）。

❻ 灌頂《大般涅經玄義》下（《大正藏》，卷三十八，一二頁下）。

❼ Levy-Bruhl: Les fonctions mentales dans les societes inferieures, deuxieme partie, chap.V.P.187 et suiv.

❽ M. Granet: Quelques darticularites de la langue et de la pensee chinoises (Revue Philosophique, 1920, P, 126)

⑨ Stenzel: Die philosophie der Sprache, S. 50-51

⑩ Grangt granet: op. cit. pp. 103-104.

⑪ 武內義雄博士：《支那思想史》，二六三頁。

⑫ 同上，二六四頁。

⑬ 《大智度論》第三卷雖有「僧侶，秦言衆。多比丘一處和合，是名僧伽，譬如大樹叢聚，是名爲林。……僧聚處得名叢林」，但這不是印度一般所用的稱呼。

⑭ 吉川幸次郎教授：《支那人之古典與其生活》，二〇一頁。

⑮ 其《家訓・歸心篇》，收于《廣弘明集》第三卷。

⑯ 吉川教授：前掲書，三二頁。

⑰ 《宋高僧傳》，第五卷（《大正藏》，卷五十五，七三二頁上）。

⑱ 詳細參照：《禪源諸詮集都序》，一三六頁以下。

⑲ 《撫州曹山元證禪師語錄》（《大正藏》，卷四十四，五二七頁上）、「人天眼目」第三卷（《大正藏》，卷四十八，三一六頁中）。

⑳ 《筠州洞山悟本禪師語錄》（《大正藏》，卷四十七，五一五頁上），「人天眼目」第三卷（《大正藏》，卷四十八，三二一頁上）。

㉑ 《合古轍》，卷上（《智證傳》所收，《卍續藏經》第二編第一六套第二冊）。

㉒ 例如《太極圖說》中，談「乾道成男，坤道成女」。這種所談的男女，當然不是字面上的意義，但依然是用這樣具象的經驗的說明。

㉓ 《洞上古徹》卷上（《永覺元賢禪師廣錄》第二十七卷所收，《卍續藏經》第二編第三〇套第四冊，三五五頁）

㉔ 〈中華傳心地禪門師資承襲圖〉，（《禪源諸詮集都序》，一八八頁以下）

㉕《荀子・正名篇》。

㉖岩村、魚返兩氏譯：前揭書，一七九頁。

㉗詳細參照吉川幸次郎教授：《支那人的古典與其生活》，七三—八一頁。

㉘嘉祥大師吉藏《二諦義》上（《大正藏》，卷四十五，八二頁下、八三頁中）、《中論疏》（同上，四九頁上、九七三頁）。

㉙《佛祖統記》，第六卷（《大正藏》，卷四十九，一七八頁下）。

㉚天台大師著作中屢說「即空即假即中不思議三諦」，這大體承認作爲三諦的區別。

㉛J. S. Speyer. Vedische und Sanskrit-Syntax, S. 91.

㉜梵語原文爲：「若有百千億那由他（Niyuta，按大多數之意）衆生，受諸苦惱。若聞觀自在菩薩摩訶薩之名號，諸苦悉得解脫。」法護譯亦與此同，沒有主語轉換。羅什譯的《法華經》，有「皆得解脫」「得」字常是主動詞（active），不是催起相（Causative）（參照本田義英教授：《法華經論》，二八七—二八八頁）。

㉝Hagel: Vorlesumngen über die Geschichte der philosophie, herausgegeben von Michelet, S. 139.

㉞A. Forke, MêTi, Introd, p. 85 未見, H. Maspero: Notes sur la logique de Mo- tseu et de son ecole. Toung-Pao 1927, P. 29.

㉟《墨子・小取第四十五》。

㊱見《續高僧傳》（二十四，《慧乘傳》；一一，《吉藏傳》）唐玄宗後，此風遂熄。

㊲Max Weber: Gesammelte Aufsätze zur Religionssoziologie, I. S. 416.

㊳《六祖壇經》。但說此思想之地方，好像是以後加入的（宇井伯壽博士：《第二禪宗史研究》，一五五—一五六頁）。

㊴《景德傳燈錄》，第二十八卷（《大正藏》，卷五十一，四四三頁下）。

㊵《臨濟錄》（《大正藏》，卷四十八，四九九頁下）。

㊶常盤大定博士：《支那佛教之研究》（第三、一〇九—一一〇頁）。

㊷Henri Maspero: Notes sur la logique de Mo-tseu te son école. Toung- Pao, 1927, P. 12,

㊸宇井伯壽博士：《印度哲學研究》（參照第六卷，七二頁以下、九四頁以下）。

㊹根據渡邊照宏氏《因明論疏明燈抄》解題。（《國譯一切經・論疏部十八卷》）

㊺義淨三藏也譯有《因明正理門論》，內容與玄奘譯本相同，蓋參照玄奘譯本而譯出者。

㊻窺基《因明入正理論疏》中（大正藏》，卷四十四，一一五頁中）。

㊼宇井博士：《印度哲學研究》，第一卷，二六五頁。

㊽參照宇井博士《佛教論理學》三六五頁所載之原文。

㊾「因一，喻二，三爲能立」（《因明入正理論疏》）上，《大正藏》，卷四十四，一〇六頁下）。

㊿二入四行所說，大概是根據《金鋼三昧經・入實際品第五》之文，由達摩所組織的（參照：宇井博士：《禪宗史研究》，二三頁以下）

51《鎮州臨濟慧照禪師語錄》（《大正藏》，卷四十四，四九七頁上）。

52《景德傳燈錄》，第六卷（《大正藏》，卷五十一，二四六頁上）。

53Masson-Oursel: La Philosophie Comparée, P. 19.

54《出三藏記集序》，第八卷，《摩訶鉢羅若波羅密經抄序第一》。

55《禪宗諸詮集都序》上。

56Max Weber: Konfuzianismus und Taoismus, S. 432.

57Max Weber: op. cit. S. 239.

58 Max Weber（Der Hinduismus und Buddhismus S. 290）稱中國宗教爲「典籍的宗教」(Buch-religion）

59 《勝鬘經顯宗鈔》上（《日本大藏經，方等部》，五、八頁）。

60 《摩訶止觀》三下（《大正藏》，卷四十六，三一頁下）。

61 Masson- Oursel: La philosophie Comparee, P. 118.

62 《佛性論》第四《無差別品第十》（《大正藏》，卷三十一，八一二頁）。

63 佛教傳入中國的初期，從安息來的傳道者以翻譯小乘爲主，從月支來的係以大乘經爲主。然隨時代之推移，中國獨重大乘經典。

還有，大乘佛教特別盛傳於北方之理由，大家多半採如下的見解。顯揚大乘佛教者是馬鳴。他受聘於迦膩色迦王，傳大乘佛教於月支國，故而月支國的大乘佛教傳到中國。然而由近時碑銘學的研究，證明月支國是小乘佛教，特別是說一切有部占優勢。關於寺塔碑銘所發現的，沒有一個提及大乘佛教。還有，在馬鳴著作之中，幾乎沒有大乘佛教的思想，這也是由近時的佛教研究所弄明白了的。所以不應解釋爲因月支國大乘佛教盛行，故而傳入了中國；而應解釋爲中國思想方法的特殊傾向，致選擇了大乘佛教。

64 《高僧傳》類的《神異篇》、《感通篇》等，記有特長於此術的僧侶傳記。

65 《摩訶止觀》八上（《大正藏》，卷四十六，一〇九頁）。

66 同上，十上（《大正藏》，卷四十六，三四頁）。

67 《止觀輔行傳弘決》十之二（同上，四四〇頁中）。

68 《諸方門人參問語錄》（原文待查）。

69 《頓悟要門》，八六頁（原文待查）。

70 《朱子全書》，卷五一。

71 《法言》〈九君子〉。

72 《續高僧傳》，卷十一。

73 「外存得失之門，內冥二際於絕句之理。外未境智兩泯，內則緣觀俱寂。」（《三論玄義》九丁）

74 《原人論，斥迷執第一》。

75 「二諦蓋言教之通詮，相待之假稱，虛寂之妙實，窮中道之極號。如來常由二諦說法，一世諦，二第一義諦。故二諦只是教門，不關境理。」（《大乘玄論》劈頭，《大正藏》，卷四十五，一五頁上）。

76 《禪門師資承襲圖》。

77 《老子》，第六十七章。

78 《萬善同歸集》下。

79 《正法眼藏》四《禪比丘》。

80 詳細參照道端良秀教授：《概說支那佛教史》，五一頁以下、九八頁以下，同氏之《支那佛教寺院的金融事業》、《唐代寺院之社會事業》等。

81 在天台宗「自他不二」，是十不二門中之第七。（《十不二門」（《大正藏》，卷四十六，七〇四頁）

82 例如《信心銘》。又《證道歌》云：「一性圓通一切性，一法徧含一切法。一月普現一切水，一切水攝一切月。諸佛法身入我性，我性還自合如來。」(原文待查)

83 《證道歌》。

84 《建撕記》，乾卷（《大日本佛教全書》，卷一一五，五四四頁）

85 龍樹所著《中論》，中國稱爲《中觀論》，附加一「觀」字，嘉祥大師吉藏認爲有重大的意義（《三論玄義」，一七二頁以下）。

86 「夫修根本，以何法修？答曰：只坐禪。禪定即得。」（《頓悟要門》，八頁）。

87 「僧問：如何是定慧等學？師曰：定是體，慧是用，由定起慧，由慧歸定。如水與波，一體更無前後，名定慧等學。」（《諸方門人參問語錄》下）(原文待查)

88 《傳心法要》，二〇頁。

89 同上，八頁。

90 「《佛名經》云：罪由心生，還由心滅。故知善惡一切，皆由自心。故心爲根本。若求解脫，須先識根本。」（《頓悟要門》上，八頁）

91 「向上一路，千聖不傳，學者勞形，如猿捉影。」（《景德傳燈錄》，第七卷，「盤山寶積之」條）。

92 《六祖壇經》。

93 《萬善同歸集》上。

94 《頓悟要門》，六〇頁（原文待查）。

95 參照R. F. Johnston: Buddhist China, London, 1913.

96 雲棲的《竹窗二筆》三曰：「禪、講、律，古號三宗。學者所居之寺，所服之衣，亦有區別。如吾郡，則淨慈、虎跑、鐵佛等，禪寺等，禪寺也。三天竺、靈隱、普福寺，講寺也。昭慶、靈芝、菩提、六通等，律寺也。衣則禪者褐色。講者藍色，律者黑色。予初出家，猶見三色衣。今則均成黑色矣。諸禪律寺均作講所矣。嗟呼，吾不知其所終矣。」

97 無外惟大（元代）之《重刻禪源諸序》（《禪源諸詮集都序》，一六一頁）。

98 《宛陵錄》（宇井博士：《傳心法要》，六五頁）（原文待查）。

99 「嗚呼：後之學者，應常取信于佛，不可取信于人。當取證于本法，無取證于末習。」（《禪源諸詮集都序》，一一頁。

100 律宗不待說。華嚴宗之賢首大師法藏亦言：「一切菩薩無邊大行，無不皆以淨戒爲本。」（《梵網經菩薩戒本疏》一，《大正藏》，卷二十二，六〇二頁下）。

101 《梵網經菩薩戒本疏》，第一卷（《大正藏》，卷二十二，六〇二頁下）。

102 「縱使學得多知識，勤苦修行，草衣木食，若不識本心，盡名邪行。」（參照：《傳心法要》，四四頁

以下）

103 在Gerog Misch的世界哲學論 Der Weg in die Philosophie 中認定希臘的哲學特徵爲自然學的（Physisch），印度哲學的特徵爲形而上學的（metaphysisch），中國哲學的特徵爲倫理的（ethisch）。

104 「凡有書疏往還，題云求寂某乙，小苾芻某乙，住位苾芻某乙。……不可言僧某乙，僧是僧伽，目乎大衆。寧容一己，輒道四人，西方無此法也。」（《南海寄歸傳》，第三卷，《大正藏》，卷五十四，二二一頁上）。

105 「若單云僧，即四人以上，方得稱之。今謂分稱爲僧，理亦不爽。如萬二千五百人爲軍。但單己一人，亦稱爲軍。僧亦同之。」（《大宋僧史略》，卷下，〈對王者稱爲之〉條）

106 《原人論》。

107 《梵網經菩薩戒本疏》，第一卷（《大正藏》，卷二十二，六〇二頁下）。

108 《高僧傳》，第六卷。

109 《出定後語．戒第十四》。

110 津田左右吉博士《論語與孔子之思想》，二九七頁以下。

111 《禮記．曲禮下》。

112 楊樹達氏：《高等國文法》，四一二頁以下。

113 《摩訶止觀》五下（《大正藏》，卷四十六，六八頁下）。

114 同右。

115 《三論玄義》，二七頁。

116 武內義雄博士：《支那思想史》二六八頁。

117 把教團或學校譬之爲「家」，在印度佛教之間似乎沒有。耆那教稱大分派爲姓（gotra），較小之分派爲家（kula），此外稱爲枝派（sakha）。然此與中國禪宗之稱家無關係。

⑱ 在巴利原始佛教聖典之古層中，在下面地方，說有孝的道德。Itivuttaka 106 Gāthā = AN. I, P. 132 G, SN. I, P. 178 G（其中也談到敬兄的事情）"Dhammapada 332, SN. I, P. 178g, Suttanipata vv. 98, 124, 262, DN. III, P. 191f. G. cf AN. I, P. 60f. 稱恭順於雙親之子爲 Assavo putto，但無相當於此之梵文。metteyyatā 及 petteyyatā 近於中國所謂孝"，但對於母之孝與對於父母孝則各用不同語表示之，也不能完全等於中國的孝字。而且此字在巴利聖典中很少用，也沒有出現於梵文佛典之中。在漢譯大乘經中，《正法念處經》第六十一卷說：「母之恩，父之恩，如來之恩，說法師之恩。」《大乘本生心地觀經》第二卷說：「父母之恩，衆生之恩，國王之恩，三寶之恩。」這都是很有名的。因之，在漢譯佛典中稱爲「父母」。然在印度原典中必爲「母與父」，且通常先談母。

⑲ 還有，《大正藏經》第十六卷七〇八頁有《佛說孝子經》，從經錄看，或者是西晉時候翻譯的；但這是極短的東西，連佛教術語也沒有。樣式也與其他經典不同。此外，還有作爲安世高譯的《佛說父母恩難報經》。獨立論孝的經典，到現在爲止，沒有看到原文，印度的典籍中也沒有，所以右之經典，不論係否僞作，這種事實總是表現中國對孝的重視。

⑳ 圭峯宗密對于《盂蘭盆經疏》的跋文（《大正藏》，卷三十九，五一二頁中）。

㉑ 「以衣蔽形，遮障醜陋。」（《摩訶止觀》四上）。

㉒ 「天字是在大字上劃一線的字。大是衆人伸出兩手，張兩腳之形的象形字，本是人之意。其上劃一線的天字，是表示覆在人頭上的天空的。」（武內義雄博士：《支那思想史》，四－五頁）。

㉓ 同上，九頁。

㉔ 同上，十八頁。「從書經及詩經，孔子得到人不可不順隨自然而生之確信。他把使我們服從法的典籍，解釋爲「天之命令。」然而他獨創的意義，在於一方是相信爲了使人能得其生，須了解人的社會；而另一

方則認爲天之命令是先天的存在於各人之中。像在某種程度上採用了孔子教義的十八世紀的法國一樣，不使自然與文明相對立，相信人因禮之實踐，服從於社會之階級秩序，才可以體現人性的自然（La nature humaine）（P. Masson- on Oursel: Etude de logique comparée, Revue Philosophique, 1917 , P. 67 ）。

125 《信心銘》

126 《六祖壇經》。

127 Rousselle這樣的主張Forke也很贊成（Alfred Forke: Geschichte der mittelalterlichen chinesischen philosophie, Hamburg, 1934. S. 363）。

128 《三論玄義》，二五頁。

129 《摩訶般若波羅密經•散華品》謂：「不壞假名而說諸法相。」

130 關於此句，宇井伯壽博士注記如下：「敦煌出土的荷澤神會語錄（三〇）作爲先輩大德之言，引此二句，然不知係何人語。舊的書頁批注作道生之言；《大乘要語》（《大正藏》，卷八十五，一二〇二八頁上）上也有，但前句作『青青翠柳徧眞如』，後句注云：喻有情。」

131 《頓悟要門》，八六頁（原文待查）。

132 《信心銘》。

133 《無門關》，第十九頁。

134 《景德傳燈錄》，第十卷，〈長沙和尙〉條。

135 《證道歌》。

136 《無門關》，第十九則，〈頌〉。

137 雲門之語，《碧巖錄》，第六則。

138 《景德傳燈錄》，第十卷（《大正藏》，卷五十一，二七七頁）。

139 同上，第十一卷（同，二八四頁）。
140 《六祖壇經》。
141 《散善義》（《大正藏》，卷三十七，二七七頁上）。
142 《法事讚》上（《大正藏》，卷四十七，四二六頁上）。
143 參照：吉川氏：前揭書，三三一—三六頁。
144 他對於可否將中國的三玄（《老》、《莊》、《易》）與「內教」（佛教）視爲相同的質問，作答如下「昔僧肇每讀老子與莊周之書，嘆爲『美則美矣，然求神沈累之方，尚未盡也』。後見《淨名經》，欣然頂禮，向親友曰：『我知所歸之極矣。』遂棄俗出家。鳩摩羅什昔聞三玄與小乘同極，老子與釋尊行均之主張，喟然嘆曰：『老、莊入玄，故易惑耳目。然凡夫之智，孟浪之言。』故不可不知三玄之學，較佛爲劣。」（《三論立義》）
145 《摩訶止觀》六上（《大正藏》，卷四十六，七七頁上—中）。
146 同上（七八頁下）。
147 《弘明集》，第六卷、第七卷（《大正藏》，卷五十二，四一頁—四八頁上）。
148 據《原人論》。又在宗密著的《禪源諸詮集都序》中，儒、道二教全被忽視。
149 《諸方門人參問語錄》（《頓悟要門》，九四頁）（原文待查）。
150 伊藤慶道氏：《道元禪師研究》，第一卷，六五頁以下。
151 王治心著：《中國宗教思想史》。
152 《弘明集》，第六卷。
153 常盤博士著：《中國的佛教與儒教道教》，二〇一頁。
154 《輔教篇》中（《大正藏》，卷五十二，六五七頁上）。
155 同上，六六〇頁上。

156 常盤博士：前揭書，四〇一頁。

157 裴休：《禪源諸詮集都序敍》，四頁。

158 《禪源諸詮集都序》上，三三頁。

159 「上之三教，攝盡佛一代所說之經及菩薩所造之論。若細尋義法，便見三義全殊，而一法無別。」（同上，九一頁）

160 《諸方門人參問語錄》下（《頓悟要門》，九四頁）。

161 《禪源諸詮集都序》，一一四頁。

162 《傳心法要》，三八頁以下（原文待查）。

163 《信心銘》。

164 北宋時代之得度考試，多用《法華經》。

165 《輔教篇》上（大正藏》，卷五十二，六四九頁上—中）。

166 《弘明集》，第七卷。

167 《弘明集》，第六卷。

168 《鐔津文集》，第十九卷。

169 《三教平心論》上。

170 《出定後語・三教第二四》。

171 「周孔救末，佛教僅明其本。共爲首尾，其致不殊。故逆尋之，每見其二。若順通之，無往非一。」（《弘明集》，第三卷）

172 《摩訶止觀》三下（《大正藏》，卷四十六，三一頁中）。

173 指 Sarvadarsanasamgraha，Sarvasiddhantasamgraha 等哲學諸簡要書而言。

第四章 結 論

第一節 一般東洋人之思維方法

一、判斷及推理之表現形式與東洋人之思維方法

我們在上面已經對東洋人中特別有論理自覺的四個民族（按指印度、中國、日本、西藏，本書僅譯出中國之部），將其各個民族之思維方法的特徵加以考察了。其次，對東洋人全體之思維方法，我們能不能看出什麼特徵來呢？。

畢竟，東洋這一個名詞，其適用範圍並不明確。在中國，說到東洋，便指的是日本。而在西洋，所謂 Orient 或 Morgenland，只含巴比倫或及而不及中國、日本、印度。但在日本，則主要是指日本、中國、印度及其周圍之諸國。這裡所說的東洋，方便上，指上述四個民族，及在其文化支配下的民族而言。

我們對於這四個民族，已經檢討了它們的單純的判斷與推理的表現形式，其間，並沒有認出有某種共同的傾向或特徵。印度人常重視普遍；而其他民族之一般傾向，則常注視特殊或個物。全般的說，印度人戀慕無限者；而其他民族則執着有限者。前者追求看不見的東西，而後者則多止於可視的範圍之內。印度人注視於人的主體底側面，站在超人的立場，有形而上學的思維傾向；而其他民族則站在人的立場；想就感覺的經驗的現實的物質生活以解決其問題。卽是，東洋的多數民族，多是就人的關係以把握理解客觀的事物或理法；而印度人，

或可說是站在離開人的境地去認識眞理。

但不能因此而卽斷定印度民族與其他民族爲東洋人之二大類型。例如從對於內屬判斷之自覺的這一點看，則日本人能把內屬判斷之表現形式，從其他判斷之形式區別出來；而在中國、印度、西藏諸民族則不能充分加以區別。

關於東洋的論理，人常作如下的說法。在東洋，精密論理之自覺較遲，沒有顯示充分的發展。尤其是東洋的論理與實踐有緊密的關連，其在時間的主體的面，占有支配的地位。眞的，對於中國人，日本人之論理意識，或可以這樣地說。但印度的論理學，其推理的運用方法，徹底是客觀的，且有精密的反省。從他的精密性這一點來看，在某種場合，可以說其凌駕了西洋的形式論理學。連鎖式的運用方法，也是各民族都不同，很難建立一共同之類型。

因爲是這種情形，所以在有關判斷及推理的表現形式的範圍內，我們不能建立東洋人一般的特徵。並且在其中作類形的分類，也很困難。因此，在這一點上，不能不說通於東洋人一般的思維方法之特徵的東西，並不存在。

二、各種文化現象與東洋人之思維方法

然則，在各種文化現象方面，我們可不可以看出通於一般東洋人的思維方法之特徵的東西呢。若是在判斷及推理的表現形式，已經是多種多樣，沒有可以稱爲「東洋」的東西；則文化現象是思維能力之所產，恐怕也沒有這種共通的特徵之存在。然而世上不斷主張強調着所謂「東洋的特性」。——在日本，在西洋，都是如此。我們在下面試將所主張的特性加以考察。

首先，屢爲一般人所說的是認爲在東洋沒有充分自覺到作爲人的個人之存在，而將個人從屬於普偏者。例如黑格爾主張東洋的神，絕對者，是具有普偏者（Das Allgemeine ）的性格。「東洋的各種宗教，其根本的情形如下。僅僅一個實體（Subslang ）的本身才是眞的東西（Das Wahrhafte ），個人僅對立於絕對的有者（Das Anundfürsichseyende）其自身無何種價值，也不能有何種價值，個人只有由其與實體合而爲一時始獲得眞的價值。然而，此時，個人還不是作爲主體（Subjeht ），而係消失於無意識的東西之中。」❶並且，對於東西思想之差異作如下的說法：「反之，在希臘的宗教或基督教，主體知道自己是自由的。也不能不這樣的想。」但在東洋哲學中，則「有限者之否定也存在。然而，這僅在個人與實體者統一上，才能達到自己的自由；僅在這種意味上才否定有限者」。黑格爾對於東洋的古典，僅通過翻譯而得到很少的知識；但這種見解，則是許多西洋人所共有的。

黑格爾的話果是事實嗎？眞的，在東洋，對於某種意味的權威作盲目服從的文化現象，頗爲顯著。然在西洋，果眞能斷定沒有此種現象，能斷定「自己是自由」嗎？像西洋中世那樣的對於權威全面的，而且徹底之盲信，並基於此種盲信而來的對異質文化的根本的破壞，在東洋不曾有過。黑格爾所說的「與實體成爲一體」的這種現象，在某些場合上，不是西方更爲顯著嗎？

還有，許多人認爲東洋人的事物看法是直覺的，因之，不是有組織的建立秩序去加以把握。但西洋人的看法則是推理的，論理的，力求組織的立定秩序去加以把握。中國人和日本人的思維方法，眞可說有「直覺的」特徵。然而，在印度人，便很難這樣說了。例如阿毘達磨文獻學者們極煩瑣的議論，雖是論理的，却很難說是直覺的。不消拿出困難的神學文獻爲例，在印度繪畫雕刻中所看到的複雜和異幻十分富有情趣，這與直覺地把握可說是相去很遠。它每從作品之一部移其注意之焦點於他部時，使其成立複雜的觀念聯合，將觀者帶進到異常的空想的氣氛之中。

還有許多人主張東洋人的思維方法是綜合的，西洋人則是分析的。漢語的單語等，好像是與人以綜合的印象；但這毋寧是在分析以前的階段。既未經分析的過程，便很難稱爲綜合的。另一方，印度人對語言現象心理現象之分析極爲精巧。這是一般學者所承認的。並且，西洋人也很難說僅是分析的。例如印度的文法學，長於詞語分析；然關於文章綜合的構成的思索，則是拙劣的。而希臘的語法學，在研究詞語綜合方面之文章論，也留下很優秀的業績。因此，把東洋人的思維方法，僅與以綜合的特徵，是相當勉強的。

這裡，再從知識的問題加以考察看看吧。韋伯（Max Weber）說：「亞細亞一切哲學及救濟論（Soteriologie），其最後共同的前提，『知的事』（Wissen）—文獻的知識與神秘的直觀（Gnōsis）——，在其究極，都是現世及來世到最高福祉的唯一的絕對的道。試着好好的注意考察，它不是對於支配世間事物，支配自然生活及社會生活及兩者共同生活之法則的知。而是對於世界與人生之『意味』的哲學的知。這樣的知識，不能由西洋的經驗的學問手段方法所代替，是自然可以理解的。又從其學問本來固有的目的說，追究經驗的學問是不行的。」❷眞的，東洋人思考性知識，這裡所指摘的傾向特強，固係事實；然而我們在西洋思想史中，至少一部分，不是有同樣的傾向嗎？這裡所用的Gnōsis（神秘的直觀）這一名詞，便是希臘語。還有，西部亞細亞之諸宗教中，也可看出此種傾向，故不能說僅是印度與中國的特徵。在西洋，在布諾特諾斯（Plotinos 二〇四—二七〇）等新柏拉圖派中，也明顯表現此一傾向。其淵源可推定出於柏拉圖。也有人想像此等哲學諸學派，恐怕是受了印度或波斯的哲學思想的影響；但兩者間的關係，一直到現在還不明瞭。受了希臘哲學的影響，作爲想以知識提高基督教之信仰的運動，於是出現了神秘的直觀派。在中世紀，被視爲異端的一部分的神秘思想家，例如托拉（Tanler,一三〇〇頃—六一）愛克哈特（Ekke-hard）也有這種傾向。

還有人這樣的想。世界主要的宗教，都是在亞細亞成立的。所以若將亞細亞也包含在內而稱爲東洋，則東洋是宗教的，而西洋則稱爲非宗教的。此種見解，在太平洋戰爭以前的日本，相當有力，今日也未完全消失。然既已如上所指摘的，同是東洋人之中，印度人是極度宗教的，而中國人的精神習性，則絕難說是宗教的。相反的，西洋人方面，到還遠較中國人爲宗教的。

從來有許多人主張西洋文明是「物質的」，而東洋文明則是「精神的」、「靈性的」。但這也是錯誤。非宗教的民族，不應稱之爲「精神的」、「靈性的」。

還有人，把東洋稱爲「道德的」；這同樣也是淺薄的見解。人只要是過社會生活，便不能不有道德，舊日中國及日本底道德之中的某些東西，爲近代西洋所不行，於是固持舊道德的日本人，便提出這樣的特徵。

又有人認爲東洋思想是形而上學的，東洋思想之根本是「無」，即所謂「東洋的無」。

老莊的哲學，固然是說「無」的。然而印度哲學，一般則是追硏「有的東西」（只是此「有的東西」之意義，與希臘哲學家的不同）。在印度哲學中，認爲「有的東西」僅能基於「有的東西」才能成立的這種思維傾向特爲有力。佛教，尤其是大乘佛教，雖係說「空」，然印度佛教徒已常主張「空」與「無」異❸。佛教入中國，格義盛行的時候，雖將二者視爲相同，然嘉祥大師等❹，亦屢主張佛教之「空」，並不同於老莊之「無」。所以用「東洋的無」的一語以約束東洋思想之全般，是極爲危險的。

再回到思維方法的根本問題上來看，有許多人主張西洋人是合理主義的，而東洋人則爲非合理主義的。此一特徵的說法，在戰後的今日，特爲一般人所相信，所採用。尤其認爲日本人是非合理主義的。眞的，日本人在形式論理的思考方面，不很高明。而且帶有非合理的性格，已如前所指摘（按指〈日本人的思維方法〉編）。但仔細地想，日本人一般實踐的方法，動輒有追隨一個理法的傾向。卽是向個別的人倫組織之歸依，以此爲價值批判之基準。因此，可說這種意味的合理性依然是有的。──若是這也可以稱爲合理的話。

中國人，初看，好像是非合理的。漢語之表現方法極不正確，中國人沒有發達論理學，從這些地方看，大體可以這樣說。然而，非論理的，並不一定卽是非合理的。正因爲中國思想的合理主義的性格，所以能與近代西洋的啓蒙思想以顯著的影響，這是大家都知道的。韋伯說：「儒教沒有任何形而上學，也缺少一切宗教基礎的渣滓。在此一意義上，是非常合理主義的。同時，在缺少非功利的一切尺度，並排斥非功利主義的一切尺度的這一點上，除了，邊沁的論理體系以外，較之任何體系都要來得更現實。」❺這裡所指的是，中國人是較昔日的西洋人更為合理的。而且正因為這種合理的性格，所以中國思想，才能與烏爾夫（Wolff, 1079-1754）及伏爾泰（Voltaire, 1694-1778）以非常地感激，使其成為抵抗中世傳統桎梏的武器。

印度人對於自然科學的認識，雖然沒有像西洋那樣的發展；然在心理現象之分析，及語言構造之分析的這一點上，較之古代中世的西洋人，作過遠為綿密的思索。而且在以順隨於通往過去，現在未來的永遠之理法為理想的限度內，印度人也是很合理的。印度人沒有出現「不合理所以我便相信」（Gredo quia absurdum）的這種思想。印度人一般因為重視普徧者的緣故，所以同時也是論理的。是論理的，而且是合理的。反之，西洋的宗教，乃非合理的，也是非論理的。這點，西洋人自己也知道。例如：虔敬而且熱烈的信仰的基督教徒史懷哲（Albert Schweitzer）說：「比較於東洋的論理的宗教（Logische Religionen），耶穌福音，為非論理的。」❻

另有，在東洋底合理主義與西洋的合理主義之間，有人認為有一種區別。例如韋伯說：「西洋的實踐的合理主義與東洋的這種合理主義，外表上或事實上，雖有若干類似之處，然性質是極度不同。尤其是文藝復興以後的合理主義，指的是否定傳統之拘束，信仰存在於自然之中的理性之力。」

這種議論，大體上像有道理；然否定傳統的權威或拘束的思想，中國先秦時代也有。印度在佛陀出世前後的都市社會中也很顯著。其後，並由自然哲學家或論理學者所倡導。近世日本，也有自由思想之萌芽。因之，在此一點上，東洋與西洋，只有程度或量的分佈之差，不能認爲有本質之別。在近代西洋，此種思想傾向固然有力，然中世紀絕非如此。所以也不能在這一點上建立東西洋之區別。

與此相關連，所謂尙古的保守性，中國特爲顯著，日本人的此一傾向也很強；但印度則僅部分是如此。佔印度民族很大部分的回敎徒，表面上，與印度的民族宗敎絕緣。所以也很難以尙古的保守性爲東洋一般的特徵。還有，尙古的性格，雖爲中國人及印度人的共同部分，然印度人是連結於貫通過去，現在，未來的普徧的法理；而中國人則係以個別的先例爲龜鑑。同一是尙古的性格，而在其基底上則存有不同的思想。

又有人認爲東洋人不是有靜的把握各種事象之特徵嗎？這可以說是中國人及印度人的思維方法之顯著的特徵。然而日本人對於事象之變化，則有銳敏的感覺。佛敎儒學爲日本容受之後，也轉化爲動的性格。因此，不能把東洋人之思維方法，都概括爲「靜的」。西洋人對生命現象或歷史的進化或進步的觀念，到近世才開始顯著，很難說是古來便有此種思想。

更有人主張東洋思想，以寬容和恕的精神爲特色，以此與西洋思想相對比。西洋的宗敎，強調爲宗敎而鬭爭。「人若來到我這裡，不憎恨其父母、妻子、兄弟、姊妹乃至自己的生命，即不能成爲我的弟子。」（＜路加傳＞）「我是要投火於地上來的。……你們以爲我是爲了給和平於地上而來的嗎？我告訴你們。不是如此。反之，是爲了分爭。自今以後，若一家有五人，則三人對二人爭，二人對三人爭。父對於子，子對於父，母對於女，女對於母，姑姑對於媳婦，媳婦對於姑嫜，互分互爭。」（同上）這種抗爭的激烈思想，畢竟爲東洋宗敎所未有。印度的宗敎界，古來皆漂着安靜與和平的氣息。瞿曇，大雄，皆在和平中終其天年。

中國古來有完全信仰的自由。被稱爲「信仰自由之使徒」的伏爾泰，在此一點完全爲中國法律所迷惑❼。信仰自由之原則，日本雖因國家之干涉，在與政治有關連之面，未能充分實現，然一般日本人憎恨異端之情緒並不很強。

寬容和恕的思想，是基於容許各種不同的哲學的世界觀而成立的。但我們若將此立場加以詳細考察，則知印度人是從形而上學的見地而承認各種類型的哲學思想之併存。中國人則多從政治的實踐的立場以謀融和妥協。日本人則有強調諸種思想之歷史的風土的特殊性的傾向。國家對於諸宗教之干涉，印度不很顯著，中國則在某一程度上稍有此種情形，在日本則達到極端。因之，把這些情形，說成一整個的「東洋的」，不能不有所躊躇。而且寬容和恕的精神，在近代西洋，尤其爲由啓蒙思想家或虔敬主義者所倡導。而亞細亞中的伊朗，則到處排斥宗教上的異說。

還有許多西洋人認爲東洋思想是遁世的，對於社會的政治的關心很稀薄。基督教是說世界內部之實踐，而東洋諸宗教則都教人出世❽。此種批評，在西洋成爲常識的見解。韋伯氏說：「所謂對於現世漠不關心（We tindifferenz）者，是所與的態度。——這不論是採取外面的遁世之形，或雖在現世內部，但行動對現世是不關心之形。總之，是採現世與自己的行動相反的行爲，而不是通兩者爲一的行爲。」❾據韋伯氏說，西洋近代的清教主義倫理的基本信條，是「現世內的禁慾主義」（Das immerweltliche Asketentum）。所以不是像冥想時那樣的遁世的，而是積極享受神意，想將現世加以倫理的合理化。由日常行動之合理化以昴揚到天職之域，即以此保證其福祉。反之，亞細亞的宗教，不外於是冥想的，或是狂熱的，或是「無感覺的法悅」者之集團；他們以現世內的行動為無意義而想由此脫離出去。佛教之修道僧，不是沒有行為。但他們最後的目的在於脫離再生之「環」（輪迴），因此，其行為不是徹底的現世內之合理化⑩。眞的，清教主義的倫理，確如韋伯氏所說。然而中世及其以前的西洋思想，不必是由現世內的合理化之態度所貫穿。「冥想底或狂熱的無感覺的法悅者的集團」，在西洋一樣是存在的。擴大到東洋許多國家中的宗教，是強調此種現世內底活動的大乘佛教。而且伊朗的宗教也有顯著的現世傾向。

又有的主張東洋人是順隨自然，想實現自然與人的一體化；但在西洋則是人想克服自然的。然而向自然活動，想克服自然的努力，在東洋並不是不存在。中國、印度都有大規模的運河堤防，城塞等的構築。而另一方面，則想投入於大自然懷抱之中，憧憬於自然的思想，西洋也不是沒有。因之，在這一點上，很難建立截然分明的界線。在哲學的問題上看，主觀與客觀之對立，在古代印度哲學，也已經提出了此一問題。只是自然科學何以特別發達於近代的西洋的理由，不能不加以考察，但對於自然的態度，不易明白劃分東西洋的區別。

以上，把從來所指為東洋思想之特徵的，略加檢討，很難看出在與西洋思想之對比上有一明確的共同特徵。東洋諸民族間，雖有某種程度之類似性，但視之為全般的特徵，而且認其為西洋所無，以使其與西洋相對比，我覺得是不可能。

這樣，全般的「東洋的」特徵既不存在，但東洋各民族之不同的思維方法之特徵，則不能不加以承認。這由佛教為東洋各民族所變貌容受的這一事實，即可明白證明此一見解。

當然，佛教是世界宗教；尤其是對東洋諸民族的精神生活及社會生活與以極深的影響，所以縱使民族不同，但各民族佛教徒之間，關於思維方法，當然有其共同性。在佛教的範圍內，任何民族之信徒，也必有其一貫性。然而此種一貫性，不能推及於全般的東洋民族⓫。因爲東洋民族並非都是佛教徒。東洋諸民族佛教徒間之類似性，共通性，決不能表示東洋人一般的共通性或類似性。

第二節　東洋思想之普遍性與特殊性

一、東洋思想與其普遍性

主張西洋文化卽是世界文化的人們，又抱有如下之見解。東洋的諸文化，終歸是從屬於西洋文化的。東洋人各種思維方法之特性，應該由西洋人之思維方法加以克服。西洋文化有普遍性，東洋文化沒有普遍性。例如韋伯氏說：「使普偏的意義與妥當性得以發展的文化諸現象，偶然在西洋，而且也只在西洋出現。」日本的津田左右吉博士也是同樣的主張，最低限度，中國思想缺少普偏性。然而所謂沒有普偏性，到底是甚麼意義呢？在近代西洋所產生的自然科學的認識或技術，當然容易而且照其原有之形加以理解接受。然而，在其他文化領域，果能說凡出自西洋者便有普偏性，出諸其他民族者便無普偏性嗎？我們綜觀人類的歷史，可以看出東洋思想曾與西洋思想以各種影響之踪跡；常有人主張聖經受有佛典的影響，希臘哲學之一部受有印度哲學之影響。但此等論證尙嫌曖昧。然而有的學者確認西洋中世之寓言故事，受有印度文藝之影響⓬。尤其是佛教菩薩之觀念，傳到西方，變形而奉祀爲天主教的聖者之一⓭；此雖小事，亦不容輕視。相當顯著⓮。中國思想特及影響於啓蒙思潮，與伏爾泰和烏爾夫以感激。印度思想，特助成了德國浪漫主義的形成。什雷格爾兄弟（Schlegel, 1777—1854, 1772-1829）之文藝運動、叔本華的哲學，及近代凱瑟林（Keyserling）的思想，沒有印度的思想是不能形成的。還有，英、德、美各國，人數雖少，但也出現了自稱爲佛教徒的人，結成了小的團體⑮。今後，若西洋人更能了解東洋思想，則其影響將更大，這是我們不能否認的。

又，在東洋之內部，過去也有偉大的文化交流。佛教幾普傳於亞細亞。儒教規定了日本現實生活到了某種程度，固然尚須研究；但其對於日本現實的社會生活具有某種的約制力，這是不容懷疑的事實。儒者認爲儒教東渡以後，日本始有人倫⑯。荻生徂萊，太宰春臺，山縣周尚等儒者，認爲日本古代無道德思想；中國儒教傳來以後，國民生活中始發生了道德。太宰春臺說：

「日本原來無所謂道。近來說神道的人，雖很認真地以為我國的道是如何高妙，但這都是後世的虛談妄說。日本無所謂道之證據，仁義禮樂孝悌等字，皆無和訓。一切日本原有的東西，必有和訓。其無和訓者，係因日本原來所無。因無禮義，所以從神代到人皇四十代之間，親子兄弟叔侄之間成為夫婦。其間，與異國交通，中華聖人之道傳於這個國，天下萬事，皆學中華。從此，這個國家的人，知禮儀，悟人倫，不為禽獸之行。今世之賤者，見背禮義之人，亦視之為畜類者，皆聖人之教之所及。」⑰

又從佛教者來看，則同樣地認爲佛教未傳來以前，日本是黑暗的世界。佛教傳來以後，日本使得救而不勝歡喜。

像這樣，有作爲普徧的教法之自覺的教說，如何能說他沒有普徧性。

否定東洋之單一性的論者，便容易否定東洋思想的普徧性。然而，否認東洋之單一性，分解爲幾多之單位，而且承認這些單位之間，有相互地（或一方地）影響，却否認其有普徧性，這分明是論理的矛盾。我們必需從這種矛盾中解脫出來。我們贊成把東洋文化分成幾個單位而否認其單一性。正因爲如此，所以對於在東洋所成立的各種思想體系，承認其有普徧的意義。這並非說這些體系之一切部分都有普徧性。而是認爲其中的一部分有普徧性。而且那一部分有普徧性，是由時代而變化。

若是站在公平地檢討人類思想的立場，無論如何不能說僅僅西洋思想是普徧地，其他民族便沒有普徧地意義。古代希臘人，至少，其中一部分的人，承認其他民族之哲學思想，有同樣的意義。近代西洋哲學家之中，也有不少的人懷抱這種思想⑱。然而，所以僅承認西洋思想有普徧的優越性者，這是誇示近代西洋的自然支配力，或者是爲此所眩惑。

現代的世界，基於西洋政治軍事的壓力，而全世界正走向統一之途，這固然是事實，但這並非證明西洋以外諸民族的文化之無意義。希臘文化在羅馬政治軍事的統制下，依然有其支配性意義。印度古來屢爲外來異民族所征服，依然開展了絢爛的文化之花。若注視此種事態，則在敗戰後之今日，縱然是權宜上的名稱，但主張「東洋」的意義，絕非毫無意義之事。我們應知道東洋，使東洋文化得到發展，依然有極大的意義。原來，所謂東洋，或所謂 The

East，或所謂 The Orient 這種觀念，是對於西洋所建立的觀念。內容雖不分明，但這是受西洋人壓迫的民族，爲了守護自己文化的傳統所不期而愛用的一句話。這是對於西洋之覇權而想擁護各自的文化的一種反撥。

各個民族，想擁護發展自己文化的傳統，這是正當的要求。我們應該充分與以尊重。只是此時所應注意者，各民族對於外來文化，應該是不斷批判地；同時，對於自己固有的文化，也不能不是批判地。自己必需謙虛。並且應該通過批判以形成新的文化。

若忘記批判，而對於自己過去的一切都加以肯定擁護，這只是使自己的文化歸於死滅。若是全面肯定外來文化，這只是盲目地容受外來文化；對於新的人類文化之形成，不能有何種積極地貢獻。

若站在這種立場，則所謂東洋的研究，非僅是好事者之興趣，而且也能對於新文化的形成有積極地貢獻。並且也必需如此。因之，將來的學問，必然是吸收對東洋文化研究的結果而重新加以形成發展的。關於藝術、經濟、社會、政治等學問，或比較哲學等，現時無暇論及。這裡僅以思維方法作爲問題，所以，以下對於考究思維方法一般之基本的論理學試加以考察。

二、思維方法之比較研究與論理學

論理學，被認爲是最有普偏性的學問之一。從來，一談到論理學，僅考慮到發源於希臘的西洋論理學，好像這是唯一絕對的東西。

然而，試精密加以考察，西洋有「論理學」這種一貫的體系，而不是有普偏的意義。古代論理學與近代論理學，其學說之構成方法，不一定相同。所以學者常將西洋之論理學，大分為古代與近世，作如下之考察。古代的論理（Dia archäische Logik），必需作為言語之論理去把握。在古代，論理學是羅果斯（Logos 按在希臘原係語言或悟性之意，後乃發展而成為理性原理）之學。羅果斯不僅是論思維之形式，是表現思維和以言語為血肉的思維，可以說是表現有身體的精神（按身體卽指的語言之意）。卽是，古代人的思維，可以說是有身體的思維。而且從語言解放出來的論理的思維，是到近代才告成立的。例如霍夫曼⑲說，哲學中所謂「古代的」（Das Arch-äische）和造形美術，有相似的意味。有立像的部分而尙無肢體的造形美術，我們呼之為「古代的」。美的樣式，透徹於材料之中，但尙未能從材料解放而表現出形態來。尙為材料所束縛。「古代論理學」，也與此相同，還和表現哲學形相的材料——卽語言——連結在一起。

所以亞里士多德的論理學，實是準據於希臘語的論理學。近代語言學者塞斯(Sayce)，很強烈地批評這一點：「亞里士多德若係墨西哥人，則他的論理學體系，恐怕會採取完全不同的形態。」而且德國的論理學者愛特曼（Pemo Erdmann）承認此一批評是對的⑳。

對於古代論理學，以上述所介紹的批評，大概是精當的。然而，近代西洋的論理學，果能說它已經從表現形式之材料中完全解放出來了嗎？

這裡，我們不能不顧慮東洋的論理學。印度成立了與西洋不同的另一種的論理學，東洋諸國加以接受後作過相當的研究。對於這種不同，馬松·奥塞爾（P. Masson-Oursel）作如下之主張：「形式論理學，不過是從形而上學的論理中的抽出物。而且後者之根柢，是

從一個民族精神中，單純率直所表現的現實的論理而來的。」㉑

移入日本的，主要是德國系統的論理學。這是否有受德國的思維方法之約制的地方，實值得玩味。黑格爾的論理學，與其稱之爲論理學，不如稱之爲「有論」（Ontologie）更爲適當。他的論理學，顯然是受到德語特有之語法和造語的制約。有時甚至使人覺得這不過是單純的語言的遊戲（Wo tspiel）。若是學者此時僅留意德語，則將以黑格爾之所論者爲當然而不加懷疑。然而，若參照了他國的語言，並將其他系統的論理學加以考慮，則自然對黑格爾成爲批判的。在沒有顧慮東洋的論理學而加以比較，即易陷於將近代西洋論理學絕對化的謬誤。爲避免此種謬誤，我們不能不站在更廣的視野。俄國的佛教學者斯捷巴特斯基（Th. Stcherbatsky）說：「唯在歐洲才可以看出實證哲學的偏見，流傳頗廣。以亞里士多德的論理研究爲最終的東西，也是一個偏見。……此偏見正在消失。……我們正在改革的前夜。當此轉換期，把陳那（Dignāga）及法稱（Dharmakitti）處理形式的並認識論的論理學的獨立而完全不同的方法加以考慮，恐怕是相當重要的事情。」㉒

馬松・奧塞爾指摘西洋許多哲學家的論理學說，事實也互不相同的，並主張有將歐洲，印度，中國三個文明所產生的論理思想，加以比較研究之必要。「適用比較方法之結果，將彼此作公平之研究，由此而對種種論理學說的本性所包藏的東西加以明示；另一方面，縱使不能深入到此等的必然的原則，至少也應該明示這些恆常具備的諸條件。在這裡，若明白顯示論理學諸規則的相對性，則人們當然會消失各教說所標榜的絕對性的迷妄。並且，這都可以開闢實證的研究論理思想的道路。」㉓

論理學，正如 Logik 一語的語言所示，是羅果斯之學。我們應先從希臘的羅果斯之學出發，將之與東洋羅果斯之學相對比，由此而提高到普遍的羅果斯之學，即是提高到離開語言表現的普徧的論理學。這恐怕已經不能稱之爲「羅果斯之學」了㉔。而且，一度通過此一階段後，開始能確立純粹論理學㉕。只有實踐了這樣的工夫，才能對諸民族的思維方法，採取批判的態度。

由諸民族思性方法之比較研究，對論理學的若干問題，可以提供新的問題與觀點。例如：論理學上，今日一般認爲判斷須具備主語述語繫辭三者；以德語說，在成立的 Sistp 這種文章時，Sein 這一動詞，認爲是表示繫辭（Copula）的。而且這是論理學上之通念。然而，印度論理學，若用表示繫辭的動詞，固然也可以，但不承認其作爲繫辭的論理學的意義。又漢語中，並無相當於繫辭之語，是已經說過的，日本語則以助詞之「は」或「が」，和助動詞之「なり」，合在一起，以完成近代西洋語言中的繫辭之功用。對於這些語言現象，論理學者們將作如何的解釋呢?。

據現代語言學家的研究，繫辭完全不發達的語言很多。沒有繫辭，一樣能充分發揮語言之機能㉖。而且無繫辭的名詞文，即是純粹的名詞文，在大抵的語言中都可看出其實例。名詞文的原型，在印度及歐洲語中，據說，原也沒有繫辭，是後來才用的㉗。且在近代西洋諸語言中，以表示存在的動詞（etre, be, sein）作繫辭之用，論理上是極不明確的。正因爲如此，所以爲了表示存在，特別用 il y a, es gibt, es existiert, there is 等表現法。在此點上，明白區別「ごある」與「がある」的日本語，可說在論理上遠爲徹底；

這是已經指摘過了的。

承認這種語言事實時，對於以希臘，羅馬語言爲基準所建立的亞里士多德及經院學派的論理學，自然成爲批判的態度。近代的語言學者芬德里斯（J. Vendryes），以解釋 le cheval court＝le cheval est courant 的亞里士多德流的論理學爲不合於語言現象的東西，而痛加非難㉘。在近代的哲學家中，也有人認爲不一定要以特殊之語用作繫辭的必要。霍普斯（Hobbes）說：「若干民族，相當於我們 is 這一動詞的字，一個也沒有。然而，僅由置他語於一語之後的位置關係形成命題。或者確是如此。他們可說是以 man a living creature 代替 Man is a living creature 的說法。何以故，因爲各語之順序，即能充分表示各語之結合關係。而且各語恰恰好像把由 is 這一動詞所連繫的活動，哲學地被表示出來一樣。」㉙受此種見解之影響，胡適氏積極主張漢語的判斷表現法的正當性㉚。「中國的命題或判斷、與西洋者不同。西洋論理學中扮演那種重要作用的繫辭，在漢語的命題中被省略掉，僅由短的休止表示繫辭的位置。於是“Socrates is a man”成爲“Socrates, man”。在構造上，若以荀子（二十）的話說，『爲了議論一個觀念，結合種種之名（語）』。“Fire burns,”“Plato wrote the Symposium,”“et mill probably snow tomorrow”等，一樣都是正當的判斷形式。這些都是『爲了議論一個事實，結合各種的語』的。在西洋論理學中，結合在繫辭周圍的黃緣，這樣的被除掉了。」㉛

還有，近代德國論理學中，也有主張不要繫辭的。例如 Uhermeg 說：「繫詞在任何場合，也僅在語尾變化之中。何則？sein 這種助動詞，也是共屬於述語的。不應像通常一樣，將其視作文法的繫辭。視作繫辭乃是不當的。倒是由述語之語尾變化（ Flexion ）與主語之語尾變化的文法一致——由此而從 sein 的不定法成立 ist, sind 等形——，而成爲繫辭或主語與述語之間的內屬關係之表現。」㉜他所說的是否正當，這是論理學上的問題，這裡可以不提。但是由以上所指摘的事實，我想可促起論理學新的反省；故有與以說明的義務。

此外要考究的，不僅限於繫詞的問題。關於主語與述語之表現順序問題，東洋人（尤其是印度人）的語言現象與論理學，提供了新的問題，至少，像紀格瓦特的無主語判斷說，當然應加以修正。又對於非人稱判斷，雖在德國學者之間盛加議論，然一考察東洋之語言（尤其是日本的），則他們的立論根據完全覆沒，不能不重新從更廣的視野加以考察。研究東洋人之論理學及其論理意識，對於這些問題；總可以提供新的問題與視野。

第三節　思維方法之差異的認識根據與實在根據

在以上的考究中，先以東洋諸民族之判斷及推理的表現形式爲線索，取出諸民族思維方法的特徵；再考察這些特徵是怎樣表現於各種文化現象，尤其是，作爲普徧的宗教之佛教，是怎樣使其發生變貌。此時，是採取從判斷及推理表現形式所認出的特徵，演繹地導出其他特徵的方法。前者成爲知道後者之線索。所以在判斷及推理的表現形式所認出的各種特徵，是爲了知道一個民族之思維方法特徵的認識根據（ Ratio cognoscendi, jñāpaka hetu 了因）。

這裡，便有了問題。使各民族思維方法發生差異的實在根據（ Ratioessendi, karaka

hetn 生因）到底是什麼呢？到底基於什麼而成立了這樣的表現形式乃至思維方法之差異呢？

這不僅是哲學上的難題，對於一切人文科學，也是根本的難題，所以不是在這裡可以簡單解決的。我們現僅就以上所考察的範圍，作一個概括地考察。

使諸民族發生思維差異的根據，可以想到的有很多。首先思維方法之特徵，與民族之血液、血統，好像沒有多深的關係。即是，思維方法之特徵，與人種的特徵並不一致。某民族中之一部分人，被分離而生活於更強的民族之中的時候，自然與其同化而顯示同樣的思維方法之特徵。例如移住到外國去的日本人，即眼前之一例。又如同一種族的阿里雅民族，分為東與西，即分為歐洲人與印度人，之間顯示了不同的思維方法之特徵。印度人不是純粹的阿里雅族人，由於與原住人混血的緣故，是不是因此而發生差異？但這裡有一個有力的反證。西北印度的住民，今日依然保持純粹的阿里雅人的血液，但他們依然棄父祖的宗教而信奉回教。所以生理上的人種的血統，與思維方法之間，沒有本質的關係。

其次可以想到的，是風土環境之不同。即是，以一個地方之氣候、氣象、地質、地味、景觀等為原因，而不會使思維方法發生差異嗎？如前所指摘，歐洲人與阿里雅系印度人之思維方法的差異，大概是從這種風土的環境而來的。然風土的環境對於人的思維力之差異絕不是唯一的決定性影響力。假若是的話，便會成立風土的必然論。然而事實證明其相反。在同一風土環境中生存的民族，有受其他民族思維之影響而變化其思維方法的。一個民族的思維方法，雖然有持續力而不易變化，然由於其他民族之影響而可能發生相當的變貌。這只要看各民族之歷史卽能容易理解。單只風土底環境之原因，並不能完全說明各民族思維方法乃至思想形態之變化。

再者，與此相關連的，地理的環境或位置，也不是決定的要因。許多人常說，印度和中國，是屬於大陸的，所以這是大陸性文化。反之，日本則是島國。眞的，大體上好像這也有些道理。例如日本是島國，沒有受外來民族之大侵略，所以保存了古來文化，已經在中國本土消失掉的文化產物，在日本依然被傳承着。還有錫蘭島在諸國佛敎敎團的諸形態中，保存着最原始的東西。因此，島國有繼承古文化的保守性格，自係事實。然大陸並非沒有這種保守性格。中國的尙古的性格，這是大家所公認的。

既不是人種，血統，風土的環境等自然科學的條件，則是否應在與人之具體行爲有關係的物質的條件之中，去找思維方法之差異的實在根據呢？在這裡登場的，是重視人的社會生活的經濟條件的學說。唯物史觀卽其一例。這裡不暇對唯物史觀作詳細的批評。於此我們僅可作這樣的斷定。卽唯物史觀乃至經濟史觀的理論，不能全面說明各民族的思維方法之差異。不待說，唯物史觀，對於社會組織乃至社會思想問題，給與了不少的解說。但對於諸民族思維方法何以發生差異的問題，究竟，能作何種程度之說明呢？例如：中國民族，重視個別性，而印度民族則重視普偏性；中國民族是經驗的，感覺的，現實的；而印度民族則是空想的，超越現世的，形而上學的，這種完全相反的思維方法之不同，畢竟是不能由生產樣式之差異而加以說明的。

與此相關連的，尙有認爲東洋社會都市之未發達的這一事實，是致使成立東洋思想之特徵的實在根據，這點是學者們所屢屢主張的。東洋沒有成立Polis或Civitar。原本之意的「布爾喬亞」，在東洋並不存在。所謂「市民」者不過是翻譯語。市井之民，並不是現代的所謂市民[33]。然而，市民社會之未發達的這一事實，或者可成爲貫通東洋民族一般的思想特徵的實在根據，但不能說明東洋各民族間思維方法之差異。

通過這些反省而表現出來的，則爲宗教觀念，乃規定各民族社會經濟生活之特異性的思想。這明明是對於唯物史觀的一種修正。此一見解之代表者韋伯氏說：「由『觀念』所創造的『世界像』，常和鐵路的轉轍手一樣，先決定利害之原動力開始行動的軌道。」[34]他重視宗教上之諸觀念所及於社會生活或經濟倫理的影響[35]，幾乎考察了全世界重要諸民族的宗教與社會生活之關係。此一研究成果，固然有很高的價值，但我們也不能忽視宗教以外存在於各民族間的思維方法之特徵。印度人有通過印度教徒，耆那教徒，回教徒所共認的一般的特徵。中國人有通過儒教之支持者，道教徒，佛教徒之間所合在一起的思維方法之特徵；一個人可以是幾個宗教的信徒。日本也是一樣，有超越各宗教信徒之區別的共通的日本的傾向。外來宗教，可使民族之思維方法變化；同樣的，民族固有的思維方法，也可使外來宗教之本身變質，這已經是本書所指摘過的。

此外，我們不能不注意到使思維方法成立差異的，是與一個民族所處的歷史的情況，有很大的影響。我們已經指出了印度對於人的關係的見解是自他不二的，自他融合的；而古代西洋則很顯然是，自他對立的，互相抗爭的。關於思想形態之所以有這種差異，我們可以想到是因印度與西洋，構成其主要民族的歷史成立過程之不同。例如希臘人征服原住異民族，形成他們自己的都市國家。他們是以冒險者侵入到異民族的正中間，爲了把自己的世界與共同之敵隔開，不能不先建立繞以石壁的安全場所。而且認爲居住其中，既可防禦敵人之攻擊且可保護自己免於已死敵人的靈魂之力。反之，侵入印度的阿里雅人，沒有受到原住民這樣激烈的反抗，他們所受原住民之威脅比較少。他們築城寨（pura）於丘陵之上，遇著洪水或外亂襲來等有事之際，才居於城寨之內；平時則在城寨之外生活。這種社會形成的過程上，由於歷史底狀況之不同，恐怕也規定了各民族的思維方法及至長遠的後代。然而歷史狀況之不同，由其以後的歷史變化既有可能被抹煞，亦有可能被深化。所以這也沒有絕對的意義。

既然如此，那麼什麼是決定民族思維方法特徵的實在根據？依然未能解決。於是我們又可以想到爲了知道思維方法之特徵，作爲認識根據所選擇的判斷及推理之表現形式，這無法同時完成其作爲實在根據的作用嗎？一般地說，規定判斷及推理之表現形式的文法及文法中之文章法，（Syntax）是不易變化的。所以這是表示一個民族思維方法之特徵，同時，反轉過來，也恆常規定民族之思維方法。卽是，思維之活動方法，也可能爲言語之形式所限定。從這一點說，由語言所表現的思維之表現形式，也可成爲一個民族思維方法特徵的實在根據。然而，這決不是絕對的。文法及文章法，是由社會的動搖及外國語言之接觸而有變化的。此時，思維方法也會變化。民族之思維方法，是隨時代而異的。

由以上之考察，我想，可以作如下之結論。使一個民族思維方法成立特徵的唯一的基本原理，絕不存在。上述的種種要素，複合底互相影響以決定一個民族的思維方法。我們以思維方法之實在根據作爲問題時，必須站在多元論的立場上。要想看出一義的原因，是很富於誘惑力的，但不能把握到事物之眞實相。對于一元論的形而上學來說，佛教所主張的「衆因緣生」的原則，此時也不能不加以承認。然則這些要素，是以什麼樣的次序發生影響呢?這是今後應該研究的新課題。對此問題現時不能深論。但大體地說，恐怕也不能與以一義的解答。思維作用，也是人行爲實踐的現實中的一個精神現象，所以不能不由在各時期的人之實況加以決定的。人是歷史底存在，常爲過去歷史之活動所支配，所以應該顧慮歷史之必然性，同時，也多少有偶然性的契機。一個民族，因與其他民族接觸的偶然事件，而可得到意想不到的重大變化。

民族之思維方法，是由人所形成之一切東西所限定；同時，也可以反轉來限定這些，改正這些。有的時候，以上所擧的各種文化的要因，也存在有形成民族思維方法特徵的側面。要明白兩者所作的互相限定的構造，則是獨立的研究問題。本書僅關於東洋諸民族之思維方法，存有互不相同的若干特徵；而且就一個民族來說，這些特徵之間，有一定的論理的關連——只要把這兩點弄明白，也可以達成大概的研究目的了。

這裡並應當注意的：各民族之歷史，當然有古代，中世，近世之別；因此而民族之思維方法亦自然不同。然而，同時並也不能不承認各民族歷經這些歷史時期而依然保持着其特殊的思維傾向。又，今後交通益爲發達，交涉益爲頻繁，世界變成一個，各民族間思維方法之差異，會愈變愈小。但是，完全脫離過去傳統的特徵，恐非易事；或者是不可能之事。匡正各民族思維方法之偏差，以建設新的世界文化，其前提條件，是有將各民族的思維方法特徵加以反省究明的必要。當然，對於歷史是在怎樣變化的這一事實，當然應一併加以考察。單純地由土地制度之改革，經濟機構的改革，政治組織的改革這種外部制度之處理，實不能實現民族思維方法的全面改革（按此係指日本戰敗後盟軍統帥部對日本之各種改革而言）。爲了建設指向眞理的新文化，對於民族的思維方法，是不能不作嚴峻底的批判反省。

附註

❶ Hegel: vorlesnngen über die Geschichte der philosophie, heaansgegeben von Michelet, S. 135-136

❷ Max Weber. Aufsatze Zur Religionssoziologie II, S. 364-365.

❸ 在印度已有將「空」解爲無或虛無的傾向。攻擊中觀派說「空」的人們，將「空」與「無」視爲同一的的東西，以中觀派爲否定一切，是虛無論者（Nastika）。佛教內部，亦有以中觀派有破壞佛教的危險，而加以反對。有的稱爲「絕對的虛無論者」或譯爲「都無論者」。然中論派之祖在《中論》中答辯說：「汝不知空之用和空與空之意味。」據 Candrakirti 的註釋說：「無（Abhāva）的意味，不是空的意味。但你將無的意味假託爲空的意味以非難我們，所以你也不知道空的意味。」他說《中論》的目的不在闡明諸法之無，而在闡明空。他說：「我們不是虛無論者，由排斥有與無之二說而闡明赴涅槃之路。」

❹ 老子「談無曰道」，所以不能不與佛教之空相區別（《三論玄義》九丁左）。

❺ Max Weber. op cit, I, S, 266.

❻ Albert Schweitzer: Das Christentum und qie Weltreligionen, S. 52.

❼ 後藤末雄博士：《支那文化與支那學之起源》，四一八頁。

❽ 例如 Schweitzer: op. cit. S. 30f.

❾ Max Weber: op. dit. II. S. 367.

❿ Max Wber: op. cit. J. S. 263-264.

⓫ 近代印度之宗效家 Vivekananda ，一八九三年，訪中國、日本，參見各寺院中所保存的古代印度文

學之寫本銘刻，使他非常感動，說這加強了他對亞細亞精神是一體性的確信（Romain Rolland: La vic de Vivekananda, I. P.42）。然精密地說，這只是指佛教的普徧性言。

⓬ M. Minternitz: Geschichte der indischen Litteratur, II, S. 266-267.

⓭ 菩薩（Bodhisattva），波斯語爲Budsf，天主教會爲Saint 之一人的Jaosaf。

⓮ 中國思想所及於法國的影響，參照：後藤末雄博士：《支那文化與支那學之起源》。

⓯ 西洋的佛教，參照：渡邊海旭之《歐美的佛教》。

⓰ 宇宙尙氏：《儒教及於日本文化的影響》，三四〇頁以下。

⓱ 《辨道書》。

⓲ 叔本華通過波斯語譯而醉心於《優婆尼沙土》（Upanishad）聖典，這是有名的哲學史的事實。多伊森（Denssen-1845-1919）受此影響而著世界諸民族的哲學史。因語言限制，他沒有詳說中國日本的哲學思想，但他很顧慮到這一點。在顧慮全世界之思想的這一點上G. Misch（Dermeg in die philosophie), Keyserling（Reisetagebuch eines philosophen）等，都是相同的。Masson-Oursel（La philosophie comparée）在此點工作積極地主張。如Royce（The world and the individual）所看到的一樣，美國的哲學家們對於印度哲學有深切的關心。

⓳ Ernst Hoffmann: Die Sprache und die archaische Logik, 1925, Vorbemerkung, S. VII-VIII.

⓴ Benno Erdmann: Logik, I. S. 49.

㉑ P. Masson Oursel: Etude de logique comparée, Revue philosophique, 1918, p.166.

㉒ Th. Stcherbatsky: Buddhist Logic, Vol. 1932, p. XII.

㉓ P. Mosson Oursel: op. cit. Reo.phil. 1917, p. 434.

㉔ 東洋論理學之因明（Hetuvidya），正如其名稱所示，是「關於論證理由之學」，絕非是直接指羅果

斯的學問。

㉕ Riefert將論理學之全體，分爲Sprachlogik, Sachlogik, eine Logik, Methodologik, Wissenschaftstheoretische Methodenlehre 等五個部門（J. Daptist Riefert: Logik, Eine kritik an der Geschichte ihrer Idee, in Lehrbuch der Philosophie herausgegeben von Max Dessoir, Berlin, 1925, 5. 1-294）。

㉖ Otto Jespersdn The philosophy of grammar, 1925 p. 131.

㉗ J. Vendryes: Le langnage, 1921, p, 144.

㉘ Ibid.

㉙ Hobbes: Elemenis of philosophy, pt. I. ch, III, 2 cg. also T, S, Mill's Logic, Bk. I, chap. IV.1. 但是胡適是根據其 The Development of the logical method in Ancient China, pt. II, Chap. IV, P. 41.

㉚ Hu Shih（胡適）:op. cit, 41

㉛ 胡適氏提到荀子第二十章，但二十章沒有相當於此的文句，僅第二十二章《正名篇》有如下之句：

「名也者所以期累實也。辭也者兼異實之名，以論一意也。」

楊倞註云：

「名者期於累教其實，以成言語，或曰，累實，當爲異實，言名者所以期於使實名異也。」

王念孫云：

「論當爲喻，字之誤也。論，明也。言兼說異實之名，以明之也。字或作喻。」

胡適氏之所論，是由宇野精一氏之教示。

㉜ Fricdrich Uberweg: System der Logik und Geschichte der logischen Lehren, 2 Aufl, Lonn, 1865. S. 145.

㉝ 據韋伯的意見，西洋以獨自的方法發達都市，有其精神史的理由。第一，西洋都市，是基於自發意志之盟約所形成的協同社會。西洋都市，先是作爲防衛團體而成立的。但其防衛係以團體自身之武裝去實行爲原則。西洋以外，任何地區，君主的軍隊，較都市而先存在。在西洋，成立由軍人君主所武裝的軍隊，即是，士兵與戰爭手段之分離，乃近世所產生的。而在亞細亞，則原來便是如此。其理由是因爲在東洋，不論埃及，西亞，印度，中國，治水問題，都爲民族之重大關心問題，遂使其成立強大的王制與官僚政治。第二，因爲在東洋社會確立了司祭制度，獨占魔術，發揮支配者的威力(據下村寅太郎之解說)。

㉞ Max Weber: Aufsatze zur Religronssoziblogie I, S. 252.

㉟ 就一個語言看，語彙，即語言所用的單語，是最易變化的。但文法上的種種規矩或說話的方法，則比較地難變化。單語中多採用外國語時，文法組織，也很少受外國之影響。因此，文法在任何時候也是持續的傳統之力比較強（《橋本進吉博士著作集》第一冊，三四八頁以下，《國語與傳統》）。

徐復觀教授留下的兩本譯品

——《中國人之思維方法》修訂版後記

曹永洋

一九五六年我糊裡糊塗地塡上東海大學經濟系，唸了一年，就千瘡百孔，幾乎被擠出校門。當時東海創校伊始，徐復觀教授接掌中文系主任，許多名師皆由徐師網羅到大度山，陣容十分堅強；可是一進校門就塡中文系的同學寥寥無幾。我們第二屆二百位同學中選擇中文系的竟唯獨梅廣一人而已。第一屆外文系榜首蕭欣義、第三屆外文系狀元杜維明都由徐師「勸說」轉讀中文系——記憶中第一、二屆中文系畢業的學生都只有七人。開始受教於徐師門下，聆聽他的《史記》、《文心雕龍》，當時並不知五十歲天命之年始眞正走入學術界之路的徐師爲了教我們這幾個程度不很整齊的學生，他往往要進行龐大的抄錄和準備工作。無論治學、教書、寫作，他都堅持這種看起來十分笨拙的水磨功夫。而且在後來三十年的歲月中，他陸續完成五百多萬字的論著。這份成績在學術史上不但是罕見，也是驚人的記錄。從這裡可以看到他堅靭的意志力和生命力。從常人的體能上看，五十歲應是開始走下坡的轉捩點，但他老人家反而由此着手奠立在學術界裡的一磚一石。徐師進入東海大學教書之前曾在台中農學院（國立中興大學前身）教了三年書。他每每對友人和學生謙稱說自己戎馬半生，半途出家做起教書工作。其實徐師早年畢業於湖北武昌第一師範（武漢大學前身）。後來在三千多名考生中復以榜首考入湖北省立武昌國學館，苦讀三年，在國學上紮下堅實的根抵。二十八歲因某一機緣赴日本留學。原就讀日本明治大學經濟系，因無公費挹注，後轉讀日本陸軍士官學校步兵科。這個意想不到的際遇，決定了他前半生在軍旅生涯中度過；也是這關鍵，他學會了日文，擴大了他閱讀的視野和範圍，對他日後的治學工作發生了深遠的影響。所以在東海任教期間，他時常鼓勵學生在自家的文字以外，要再學好另一種語文。

徐師於天命之年，在臺中教了十七年書：臺中農學院三年，東海十四年。後來遠赴香江又在新亞書院研究所教了十二年。一九八二年四月一日病逝於臺大醫院，享年八十歲。徐師的著作在世之日曾在臺灣、香港兩地出版。學術著作多集中於學生書局刊行，時論雜文則交由時報文化公司印行。這些文字當時多數發表於徐師創辦的《民主評論》、香港《華僑日報》及國內各報章雜誌。徐師弟子散布於世界各地。最初爲他做整理、編輯工作的學生有蕭欣義、陳淑女（二位都是東海大學中文系第一屆傑出學生）。徐師辭世後，參與整理編訂工作的尚有樂炳南、薛順雄、廖伯源、馮耀明、翟志成和筆者。這項工作，在徐師辭世八年多的今天，終於接近完工階段。現在除了書信仍有待整理之外，大體徐師在生命中後三十年撰寫的文字都陸續付梓（請參照〈徐復觀教授著作年表〉）。其中只有《中國人性論史 先秦篇》由商務印書館發行，《論戰與譯述》由志文出版社收入《新潮文庫》刊行，《徐復觀最後日記——無慚尺布裹頭歸》由允晨文化公司印行之外，其他全部集中在學生書局和時報文化公司。想要研究徐師論著或探索徐師心路歷程的讀者，不難由此按「書」索驥了。

在徐師留下的五百多萬字著述中，除了《論戰與譯述》一書曾收入八篇零星的譯述之外，他在步入大學杏壇教書的前三年，替青年學子翻譯了兩本著作。一本是執教臺中農學院時於一九五二年迻譯的中村元《中國人之思維方法》與進入東海大學擔任中文系系主任時譯出的萩原朔太郎《詩的原理》。前者當年由中華文化出版事業委員會印行，收入《現代國民基本知識叢書》，早已在坊間絕版；後者則由正中書局印行。現兩本譯品均由學生書局以修訂版重新排版印行。二書均向徐師好友梁銘湧先生商借影印，日文原著請薛順雄教授由東海圖書館借出影印，並請淡江大學日文系陳淑女教授核對原文，修訂補全——這項修訂工作花去陳淑女學姊許多寶貴的時間。倘若沒有徐師老友及他昔日門生的通力合作，這項工程不可能有這樣的成績。寫作志業是徐師生命中最重要的工作，他當年伏案苦寫的文字如今能一一付梓問世，我想這是他老人家最感溫慰的吧。

徐師母七年前回到內湖翠柏新村定居。徐師、師母當年對待學生有過於自己的子女。得徐師鼓勵、裁成而今卓然有成的學生，如今散布全球各地——他老人家矢志埋首著述的精神，不但是每一個學生的好榜樣，他從鮮明、正直、高潔的人格自然散發出的生命強度，是受他親炙的學生所不能忘懷的。

徐師的四個兒女：武軍、均琴、梓琴、帥軍，都在美國先後獲得博士學位，並在自己專攻的學門和工作上有優異的表現。徐師除了本身是一位成功的教育家，他的兒女在家學濡染和陶冶下，也都走出自己的道路。

徐師在學術界的地位已由他生前留下的論著做了明確的界定。由於他老人家在走進學術領域之前，曾在軍旅中度過他的青年、壯年時代——他也一度走入政治權力的核心，最後在地動天變的劇變之後，他毅然脫離現實政治。但這些曲折、繁複的生命歷程，加上他「任天而動」的性格以及洞察的睿智和豐富的人生體驗，他與一般純粹在書齋中孕育的思想家、學者可說迥然不同。

師母常說徐師其實是一個愛熱鬧的人。他愛國家，愛家庭，愛朋友，愛學生，甚至敬愛他的「敵人」——如果他筆戰的對手眞有學問，他也懂得敬重對方。他教的學生只要有一點點表現，他是最會鼓勵學生的老師。學生替他做任何一點校對、整理的工作，他都要送優厚的酬勞；替他的論著找出幾個誤植的錯別字，他都要一再地致意。在別人心目中也許會以爲徐師自負、孤高，然而在我印象中徐師始終是誠懇、謙虛、好學不倦、不恥下問的一位長者。

在俗世上，徐師不屑做一個躲在象牙塔裡，不食人間煙火的學究。他個性耿直，鮮明，「嫉惡如仇，從善如流」是他人格上強烈的印記。他看透人性複雜的葛藤、機微，能進入熱鬧的人際關係中，却堅守在孤獨的學術領域中，進行紮實的名山之業。他在並不很好的環境中、繁重的教學工作裡，展開他的著述勞作，却能獲致非凡的成就。他的論著愈入晚年，愈形精闢，始終未表露體力的衰頹。這份執著、努力和生命力，貫徹在他充滿智慧、識見的論著裡。

徐師畢生用勤最多的是思想史、史學、文學、藝術。他的散文絕對可以榮列當代前五傑之內；但不包括那位五百年內第一的文化太保。這位自己界定聲名的文化頑童常使我想起當年誣衊薄伽邱（《十日譚》一書的作者）的那些俗輩們。時間早已使這些俗輩與草木同朽、可是《十日譚》却在世界文學史上名垂不朽。大凡眞正精粹的論著，都是扳不倒的雄辯。時間是殘酷的審判者。它不但清楚地劃定了高下、眞僞，而且很快地使狂言者不攻自破。

徐師生前寫給師母、兒女及少數弟子陳文華、翟志成等人的書札，十分眞摯、動人，充分流露他的眞性情。這些書札來日或可由徐師的愛女徐均琴整理蒐輯，並作角註的工作。深信這些書簡將有助於讀者更深去認識這位思想大師的人間性。兒女私情爲我們揭開嚴肅的論著之外徐師溫煦、關注別人，在生活的瑣屑中突顯的赤子之心，如同徐師在懷舊以及一些動人的散文中表現的那種溫情。這是徐師最可愛、入世的一面。我甚至認爲這是他強韌的生命力的源泉，是他完成一切工作的發軔。

最後謹在此向學生書局歷任的主持人及參與蒐輯工作的朋友表示衷心的謝意。相信這兩本譯品的重刊對青年學子將有實質的裨益。中村元與萩原朔太郎二人都是日本極負盛名的學者。徐師在繁忙的教課寫作之餘，選擇這兩本書介紹給國人，當然經過愼重的選擇。此次的修訂和補譯使這兩本書呈現了嶄新的面目。陳淑女學姊的苦心，居功厥偉，陳昭瑛參與校對工作，誠摯可感，不可不再次謝謝她們的辛勞。

一九九一年元月十日

徐復觀教授著作年表

一、學術與政治之間（甲集），一九五六年／中央書局（絕版）。
二、學術與政治之間（乙集），一九五七／中央書局（絕版）。
三、學術與政治之間（甲、乙集合刊），一九八〇年／學生書局。
四、中國思想史論集，一九五九年／中央書局（絕版）。
五、中國思想史論集，一九六七年／學生書局。
六、中國人性論史　先秦篇，一九六三年／中央書局（絕版）。
七、中國人性論史　先秦篇／商務印書館。
八、中國藝術精神，一九六六年／中央書局（絕版）。
九、中國藝術精神／學生書局。
一〇、公孫龍子講疏，一九六六年／學生書局。
一一、石濤之一研究，一九六八年／學生書局。
一二、徐復觀文錄（四冊），一九七一年／環宇書局（絕版）。
一三、徐復觀文錄選粹，一九八〇年（係由四冊文錄中精選彙輯）／學生書局。
一四、徐復觀文存（收錄四冊文錄，未選入選粹的文稿）／學生書局新版。
一五、黃大癡兩山水長卷的眞僞問題／一九七七年／學生書局。
一六、中國文學論集／一九七四年／學生書局。

一七、兩漢思想史　卷一／一九七二年初版／香港新亞研究所出版，原書名「周秦漢政治社會結構之研究」　三版改名／一九七四年臺一版／學生書局。
一八、兩漢思想史　卷二／一九七六年／學生書局。
一九、兩漢思想史　卷三，一九七九年初版／學生書局。
二〇、儒家政治思想與民主自由人權／一九七九年「八〇年代」初版，一九八八年學生書局收回刊行。
二一、周官成立之時代及其思想性格／一九八〇年初版／學生書局。
二二、徐復觀雜文集①論中共②看世局③記所思④憶往事（四册）／一九八〇年四月初版／時報公司。
二三、徐復觀雜文集・續集／一九八一年初版／時報公司。
二四、中國文學論集續篇／一九八一年初版／學生書局。
二五、中國思想史論集・續篇／一九八二年初版／時報公司。
二六、中國經學史的基礎／一九八二年初版／學生書局。
二七、論戰與譯述／一九八二年初版／志文出版社新潮文庫。
二八、徐復觀最後雜文集／一九八四年／時報公司。
二九、徐復觀教授紀念文集／一九八四年／時報公司。
三〇、徐復觀先生紀念論文集／一九八六年／學生書局。
三一、無慚尺布裹頭歸——徐復觀最後日記／一九八七年／允晨叢刊。

翻譯兩種

一、詩的原理（萩原朔太郎著）學生書局新版。

二、中國人之思維方法（中村元著）學生書局新版。

國家圖書館出版品預行編目資料

中國人之思維方法

日・中村元著；徐復觀譯. – 初版. – 臺北市：臺灣學生，民 80
面；公分

ISBN 978-957-15-0220-5 (平裝)

1. 哲學 – 中國

112　　80000885

中國人之思維方法

原著者：日・中村元
譯者：徐復觀
出版者：臺灣學生書局有限公司
發行人：楊雲龍
發行所：臺灣學生書局有限公司
臺北市和平東路一段七五巷十一號
郵政劃撥戶：〇〇〇二四六六八號
電話：（〇二）二三九二八一八五
傳真：（〇二）二三九二八一〇五
E-mail: student.book@msa.hinet.net
http://www.studentbook.com.tw

本書局登記證字號：行政院新聞局局版北市業字第玖捌壹號

印刷所：長欣印刷企業社
新北市中和區中正路九八八巷十七號
電話：（〇二）二二二六八八五三

定價：新臺幣三二〇元

一九九一年四月修訂版一刷
二〇一三年十一月修訂版二刷

ISBN 978-957-15-0220-5 (平裝)